arnoldsche

I0795110

doris betz

schmuck und zeichnung
jewellery and drawing

herausgegeben von | *edited by*

Iris von der Tann

mit Texten von | *with texts by*

Monika Fahn
Ira Mazzoni
Pravu Mazumdar
Olga Zobel

2009 – 2016

„Spiele das Spiel. Gefährde die Arbeit noch mehr. Sei nicht die Hauptperson. Such die Gegenüberstellung. Sei absichtslos. Vermeide die Hintergedanken. Verschweige nichts. Sei weich und stark. Sei schlau, lass Dich ein und verachte den Sieg. Das stimmt. Beobachte nicht, prüfe nicht, sondern bleib geistesgegenwärtig bereit für die Zeichen. Sei erschütterbar, zeig deine Augen, wink die anderen in die Tiefe, sorge für den Raum und betrachte einen jeden in seinem Bild. Entscheide nur begeistert. Scheitere ruhig. Vor allem hab Zeit und nimm Umwege. Lass dich ablenken ... Überhör keinen Baum und kein Wasser."

Peter Handke, "Über die Dörfer", Berlin 1984, S.20/21

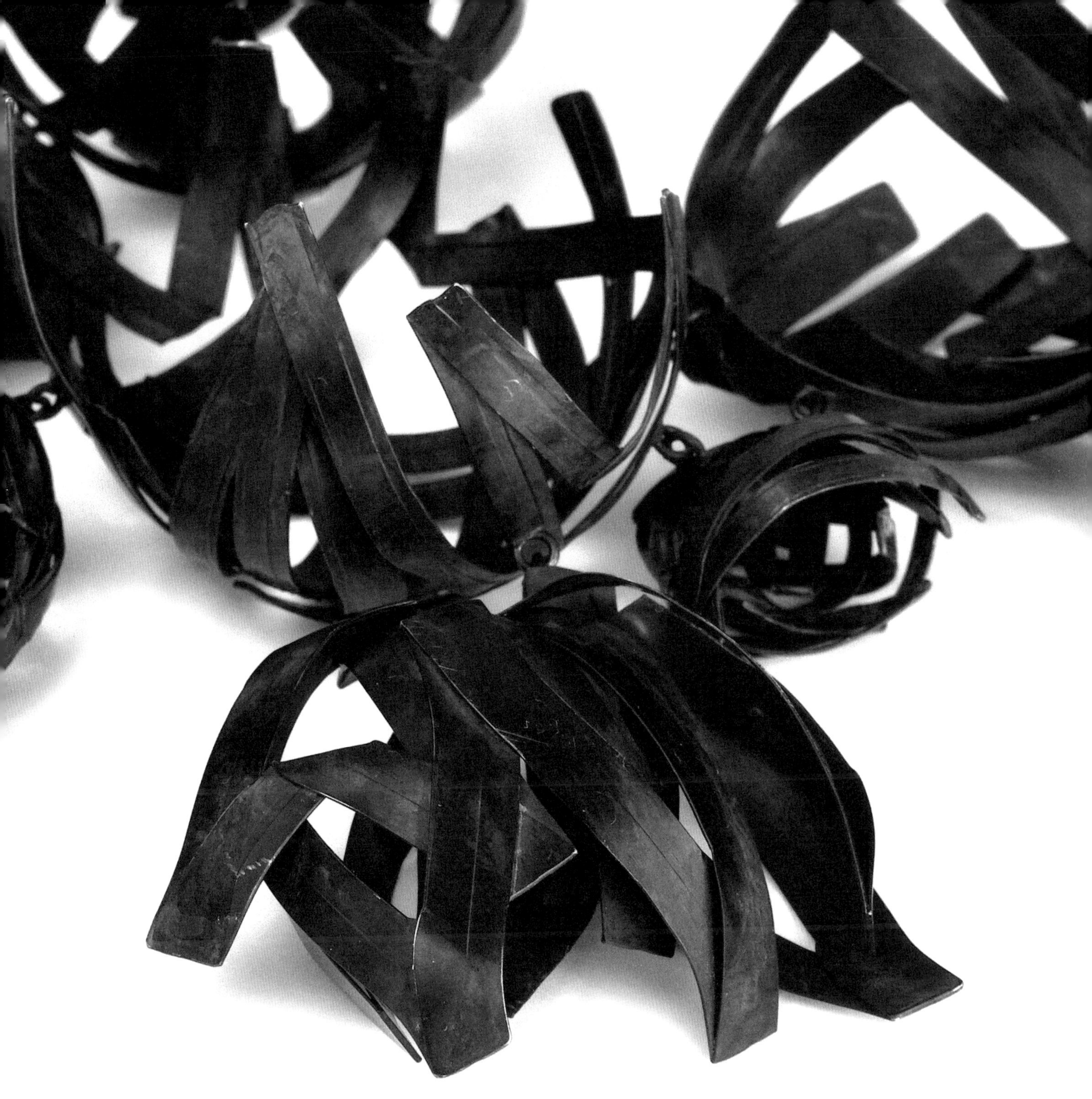

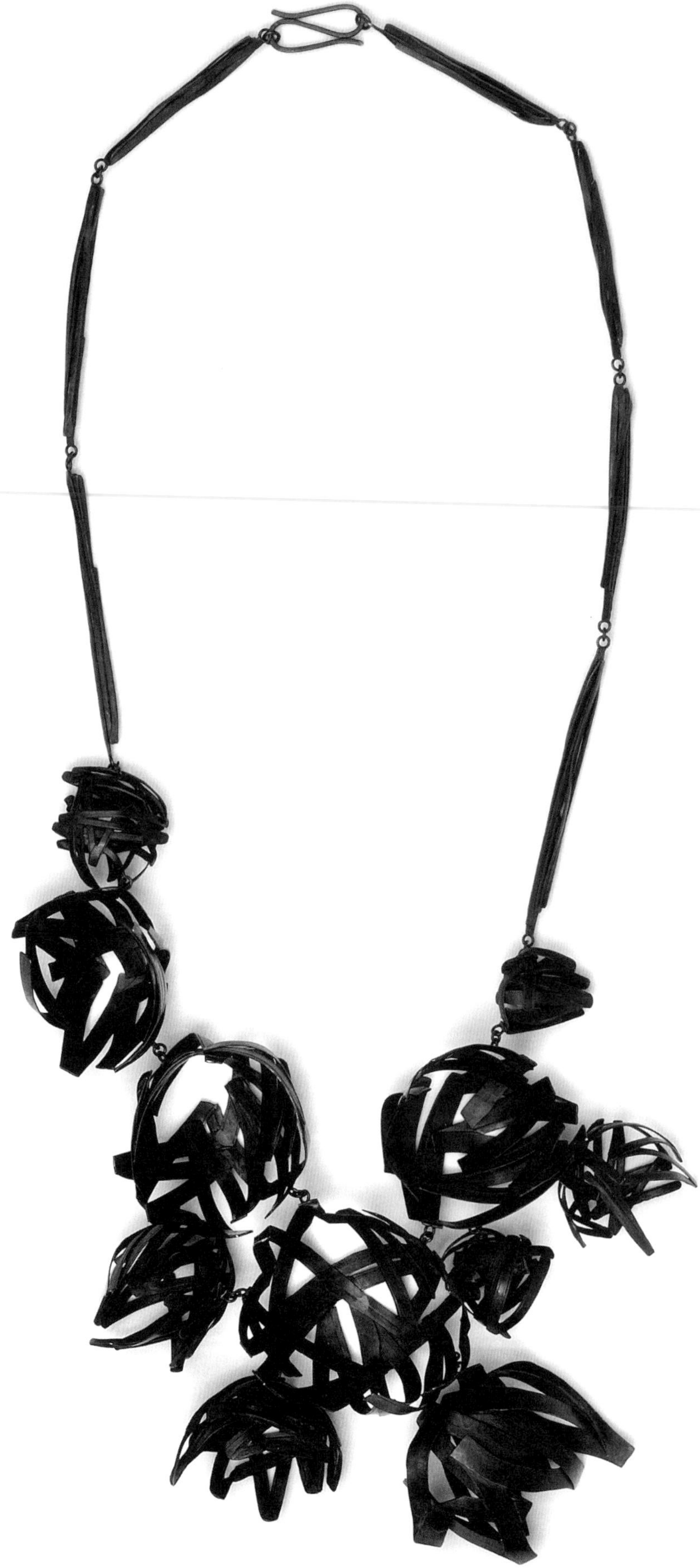

Inhalt | Contents

Monika Fahn

Natur ist vergänglich, die Kunst bleibt dauerhaft

Wenn Doris Betz ein Schmuckstück gestaltet, geschieht das wie von selbst. Sie hat sich vom herkömmlichen Werkprozess befreit, der von der Idee über die Zeichnung zum Modell und schließlich zum fertigen Schmuckstück führt. Doris Betz nimmt sich die Zeit, Ideen zu sammeln, Inspirationen aufzunehmen. Das geschieht auf Reisen oder im gewohnten Umfeld, vor allem aber draußen, in der Natur. Sie sammelt und bringt die Fundstücke nach Hause: Samenkapseln, Blüten, Wurzeln, Zapfen, Rinden, Fruchtkerne. Ein unermesslicher Formenschatz. Wer weiß schon, wie die Unterseite des Fruchtstandes einer Knoblauchknolle aussieht? Doris Betz besitzt mehrere Exemplare davon. Viele der getrockneten Pflanzenteile könnte man sich sofort als Brosche anstecken, so formvollendet und schön sind sie.

Was aber zeichnet die Schönheit von Pflanzen aus? Wir empfinden das darin enthaltene Prinzip der Symmetrie als ausgewogen. Auf den ersten Blick erscheinen die sternförmig angeordneten Blüten des Löwenzahns gleich. Bei genauer Begutachtung erschließen sich die winzigen Unregelmäßigkeiten, die einzelne Pflanze weicht stets ein wenig von der Symmetrie ihres Bauplans ab. In der Ästhetik spricht man von „broken symmetry", der „annähernden Symmetrie". Nur die belebte Natur schafft es, diese spielerischen Varianten hervorzubringen. Ein weiteres Prinzip der Natur ist die Einheit in der Mannigfaltigkeit. Die Blätter eines Baums besitzen die gleiche Form, sie unterscheiden sich lediglich in dem individuellen Wuchs und ihrer Größe.

Die Natur fasziniert uns, wir lassen uns inspirieren und geben sie wieder. Dabei ist das Spannungsverhältnis zwischen Kunst und Natur so alt wie die Geschichte der Kunst selbst. Ebenso vielfältig sind die Darstellungen von Pflanzen, die in den unterschiedlichsten Epochen und Genres vertreten sind. Aus dem alten Ägypten stammen Wandmalereien mit üppigen Gärten und reifen Früchten. Dekorative Pflanzendarstellungen finden sich auch in den reichen Illuminationen der mittelalterlichen Buchmalerei. Detailgenaue Pflanzenstudien begleiten wissenschaftliche Werke. Künstler und Wissenschaftler erforschen und sehen seit der Renaissance die Welt mit neuen Augen.

Es dauerte sehr lange, bis die Künstler eine reflektierte Beziehung zu Natur und Pflanzenwelt eingingen. Nahezu revolutionär war es, statt der detailgetreuen Abbildung der Natur nunmehr individuelle Sinneseindrücke auf die Leinwand zu bringen. Der Impressionismus, deren Vertreter ihre Ateliers verließen und unter freiem Himmel malten, entwickelte sich zu einer eigenen Stilrichtung. Neuere Ansätze finden sich in den 1960er Jahren mit der „Land Art", deren Kunstwerke durch Eingriffe in Naturräume und durch die Verarbeitung von vorgefundenen Naturmaterialien entstanden. Seit den 1990er Jahren arbeitet die „Plant Art" erstmals mit echten Pflanzen im Ausstellungsraum und schafft es auf diese Weise, reale Wachstums- und Verfallsprozesse und damit die Dimension der Zeitlichkeit als künstlerisches Element einzusetzen.

Doris Betz hat ihren ganz eigenen Weg gefunden, die Eindrücke aus der Natur zu verarbeiten. In ihrem Gedächtnis beherbergt sie einen unendlichen Schatz an Eindrücken und Impressionen. Sie schöpft aus diesem Speicher, die Bilder fließen in ihren Schaffensprozess – unbewusst? In dem Moment des Herstellens schon, doch alles ist in ihrer Vorstellung bereits ausgebildet und wird dann wie selbstverständlich abgerufen. Kommt Doris Betz nicht weiter, legt sie das Werkstück in eine Schublade, irgendwann wird daran weitergearbeitet, die Zeit wird kommen, sie hält es aus zu warten - seien es Jahre. Dieses evolutionäre Erkennen und Vorgehen hat Ähnlichkeiten mit den fast unmerklichen Veränderungen der Natur, gleichwohl sie einem ihnen innewohnenden Weg folgen.

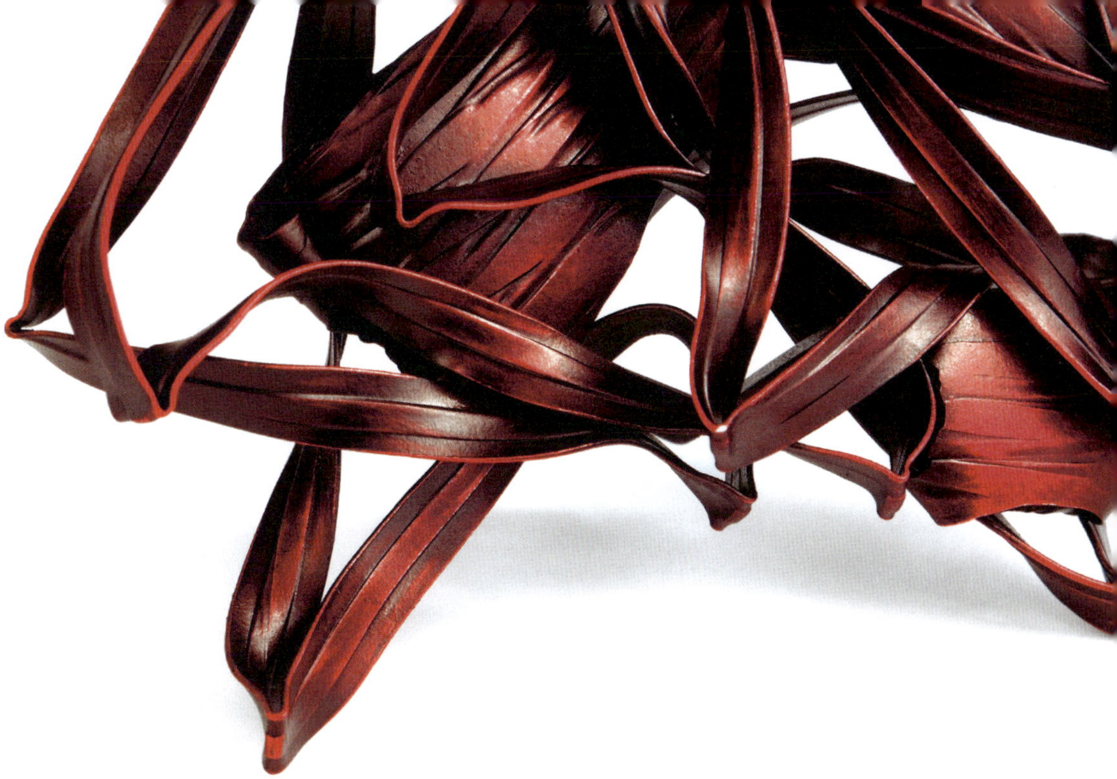

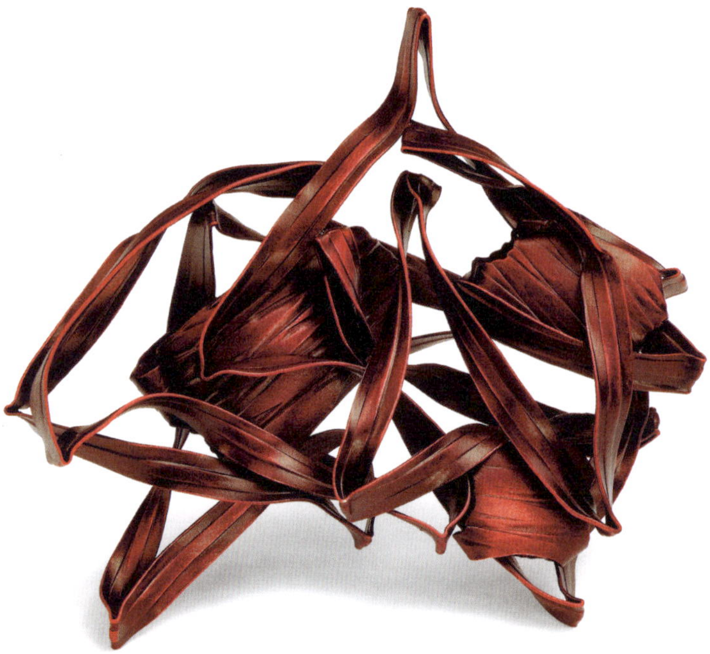

TOKIO Brosche | *brooch* 2010

Monika Fahn

Nature Is Transient, Art Everlasting

Whenever Doris Betz creates a new piece of jewellery, it's as if it has happened by itself. She has freed herself from the conventional work process with its chronological order from idea, drawing and model to final piece of jewellery. Doris Betz takes her time to collect ideas and be inspired. This happens on her travels or in familiar surroundings but above all outside, surrounded by nature. Here she collects and then brings home her findings: seed pods, flowers, roots, cones, bark, fruit seeds. An immeasurable treasure of forms. Who knows what the underside of the fruit spike of a garlic bulb looks like? Doris Betz does, and she has a number of examples. Many of the dried plant pieces are so perfect in their forms that they could be immediately pinned on as brooches.

What is it that makes plants so beautiful? We perceive their inherent principle of symmetry as being well balanced. At first glance, the star-formed order of dandelion buds may all seem to be the same. But looking closer you can detect tiny irregularities; the single plant always differs slightly from the symmetry of its blueprint. In aesthetics this is called 'broken symmetry'. Only animate nature is capable of producing such playful variations. Another principal is the uniformity of diversity: leaves on a tree all have the same form but they differ in their individual growth and size.

Nature fascinates us. We are inspired by it and we copy it. This inspirational relationship is as old as art itself. There are numerous depictions of plants in the most varied of epochs and artistic genres. For example, wall paintings of luscious gardens and ripe fruits from Ancient Egypt, decorative illustrations of flora in the richly illuminated manuscripts of the Middle Ages and detailed studies of plants in illustrated science books. From the Renaissance onwards, artists and scientists alike explored and started seeing the world with new eyes.

It took a long time until visual artists entered into a reflective partnership with nature and its flora. It almost amounted to a revolution when they started painting individual impressions onto their canvasses instead of the detailed copies of yore. Impressionism, which brought its representatives out of their ateliers to paint en plein air in the countryside, became a determining movement in its own right. In the 1960s Land Art made even further inroads. Here the artworks were a result of physical interaction with natural landscapes and the resulting creations made from the materials found in situ. Since the 1990s so-called Plant Art started using real plants in exhibition spaces. Processes of growth and decay in real time illustrated the dimension of time as an artistic element.

Doris Betz has found her own way of processing her impressions of nature. She has stored an endless treasure trove in her memory. She draws her creativity from this repository; the images just flow into her work – unconsciously? In the moment of creativity probably yes, but everything has already been formed in her imagination, so she just lets it come as a matter of course. If it doesn't seem to be working out, she just puts the piece into a drawer; in time she'll continue with it. She can wait, even if it takes years. This evolutionary understanding and procedure is similar to the almost imperceptible irregularities found in nature's symmetry, albeit ones which follow their own in-built individual course.

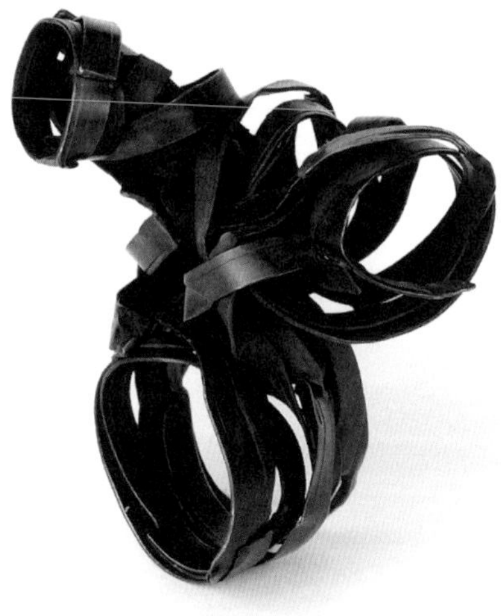

Ring | *ring* 2013

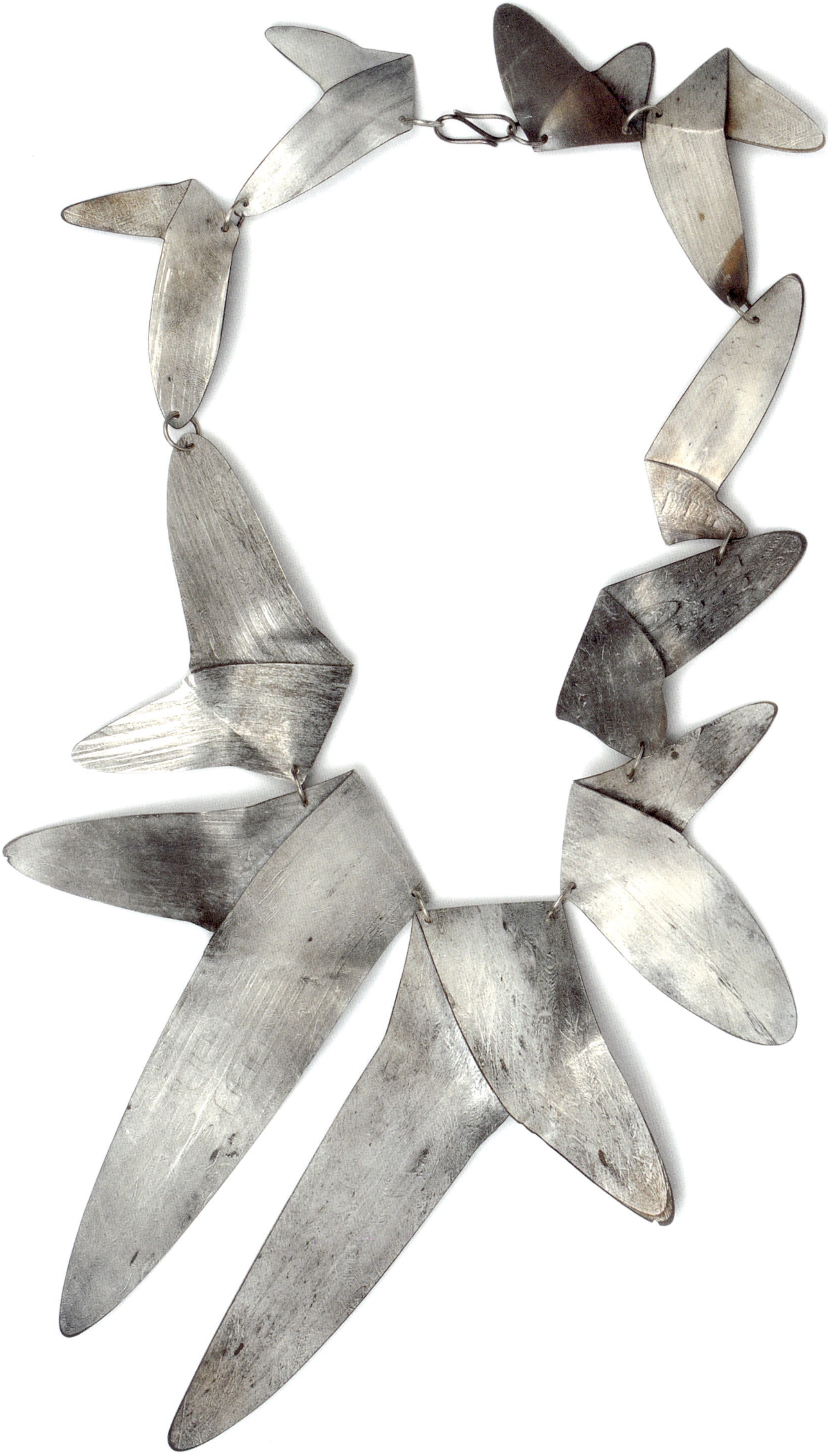

 GREY STAR Kette | *necklace* 2010

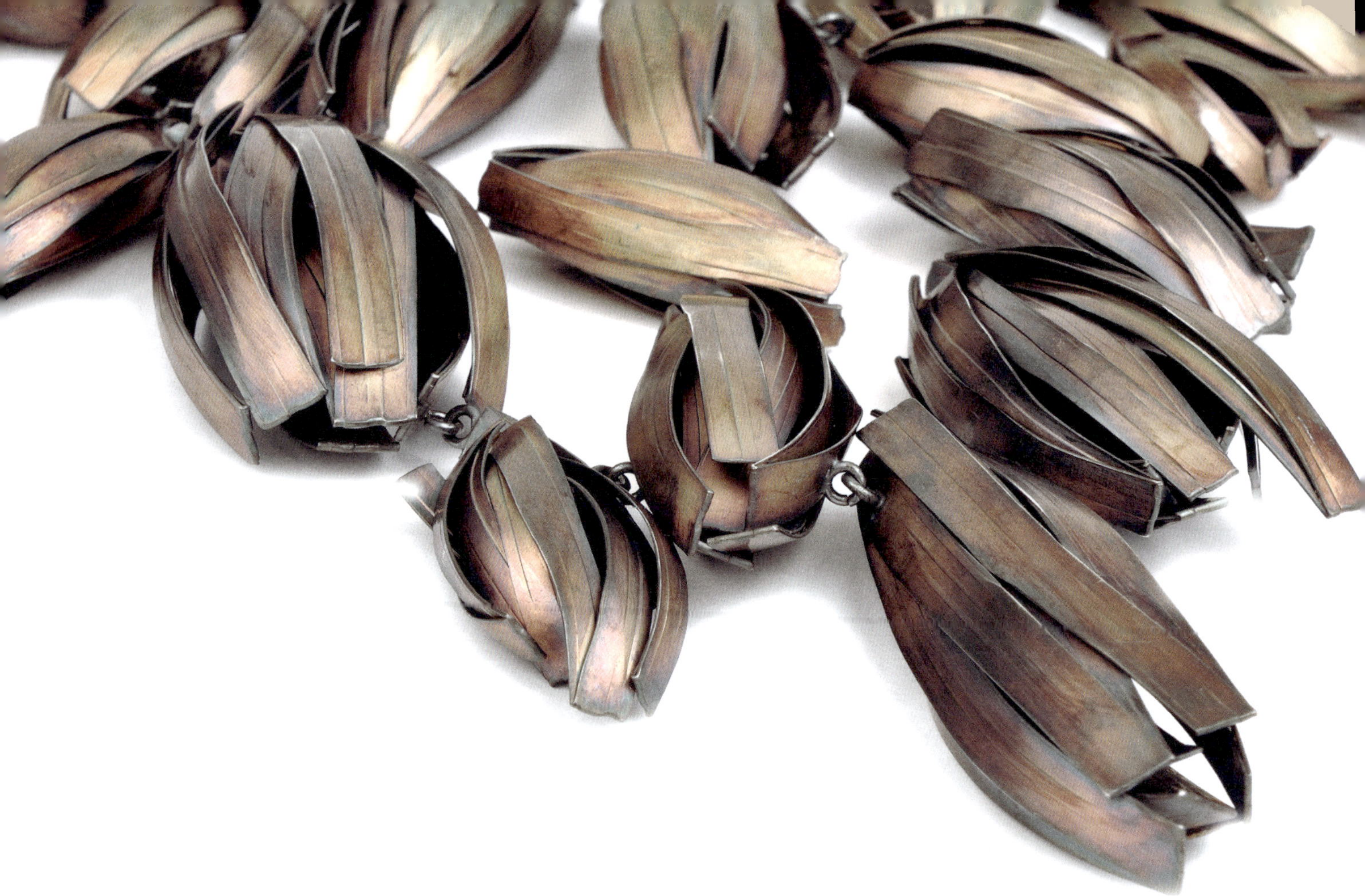

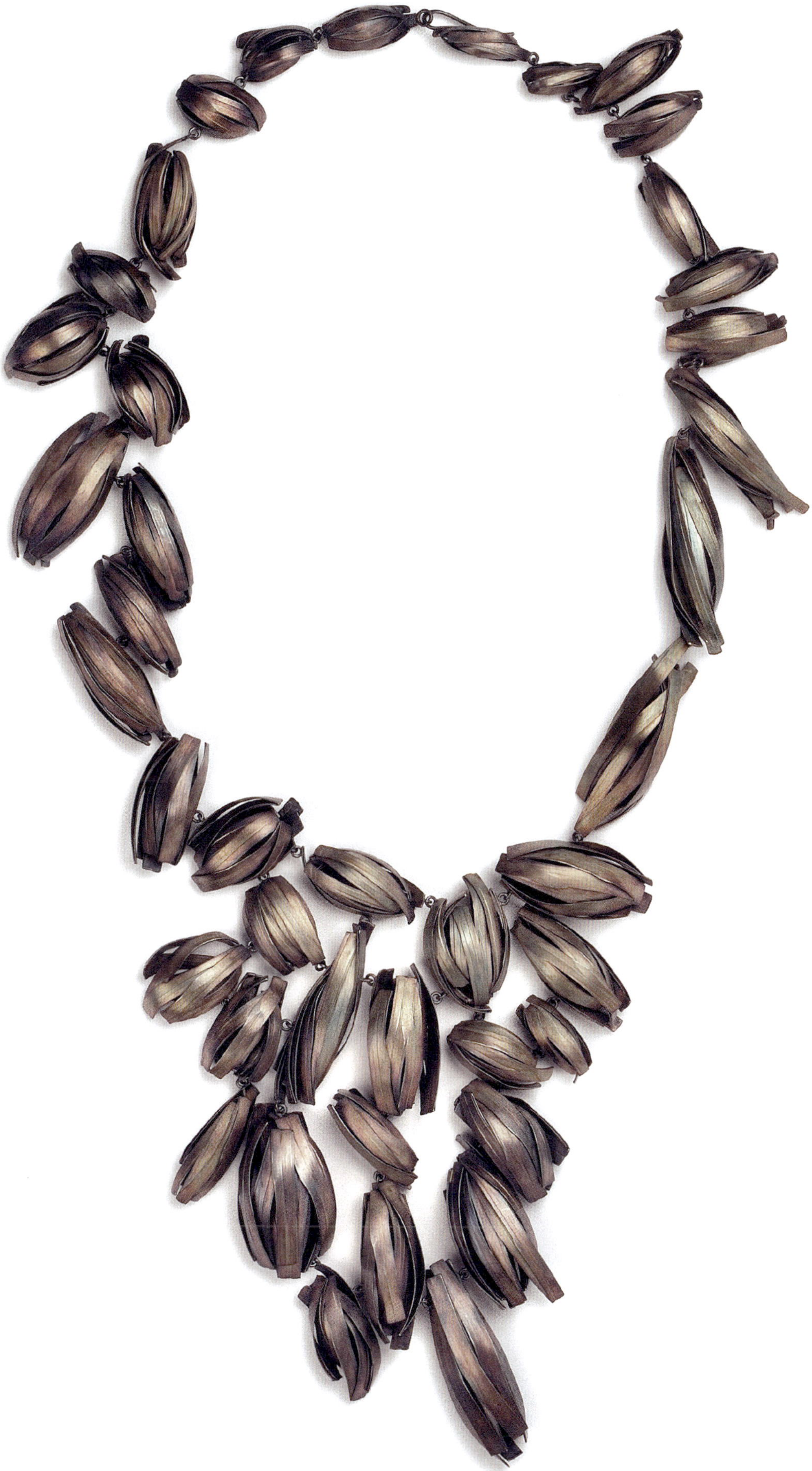

 HERBSTZEITLOSE Kette | *necklace* 2010

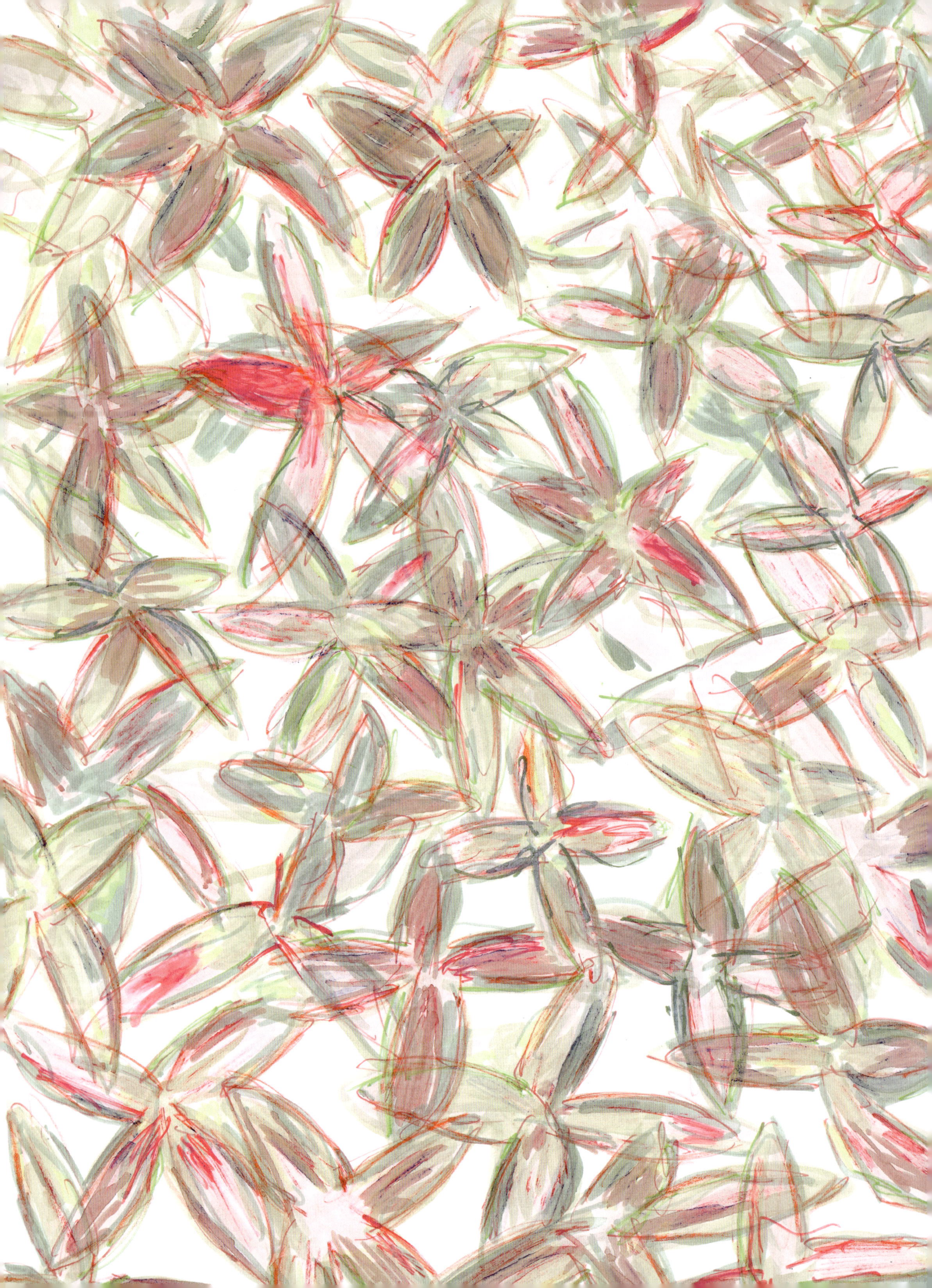

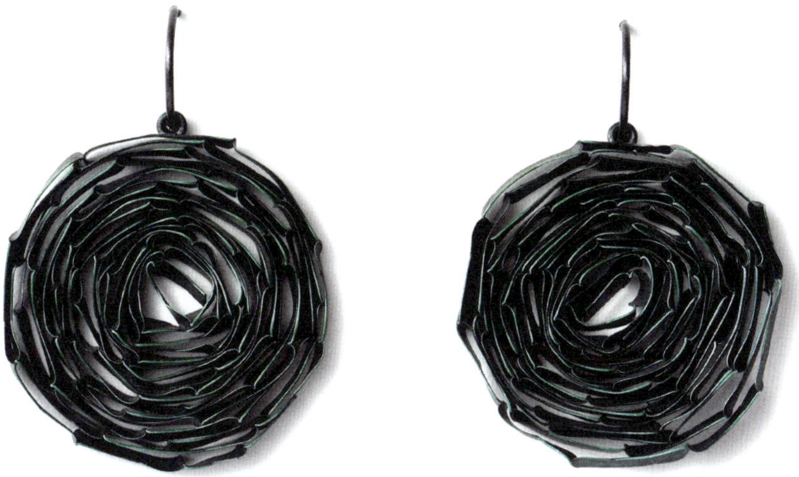

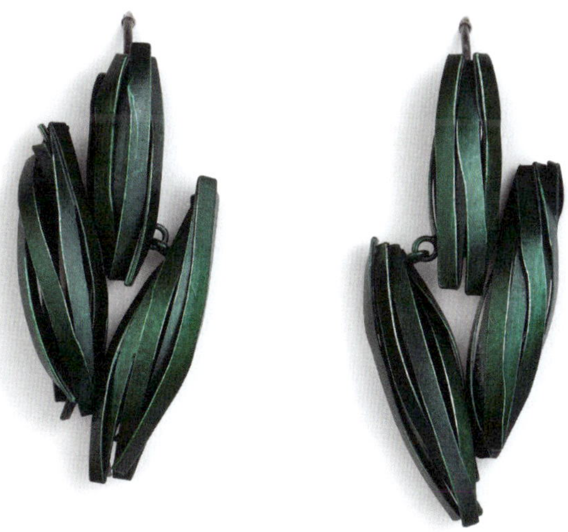

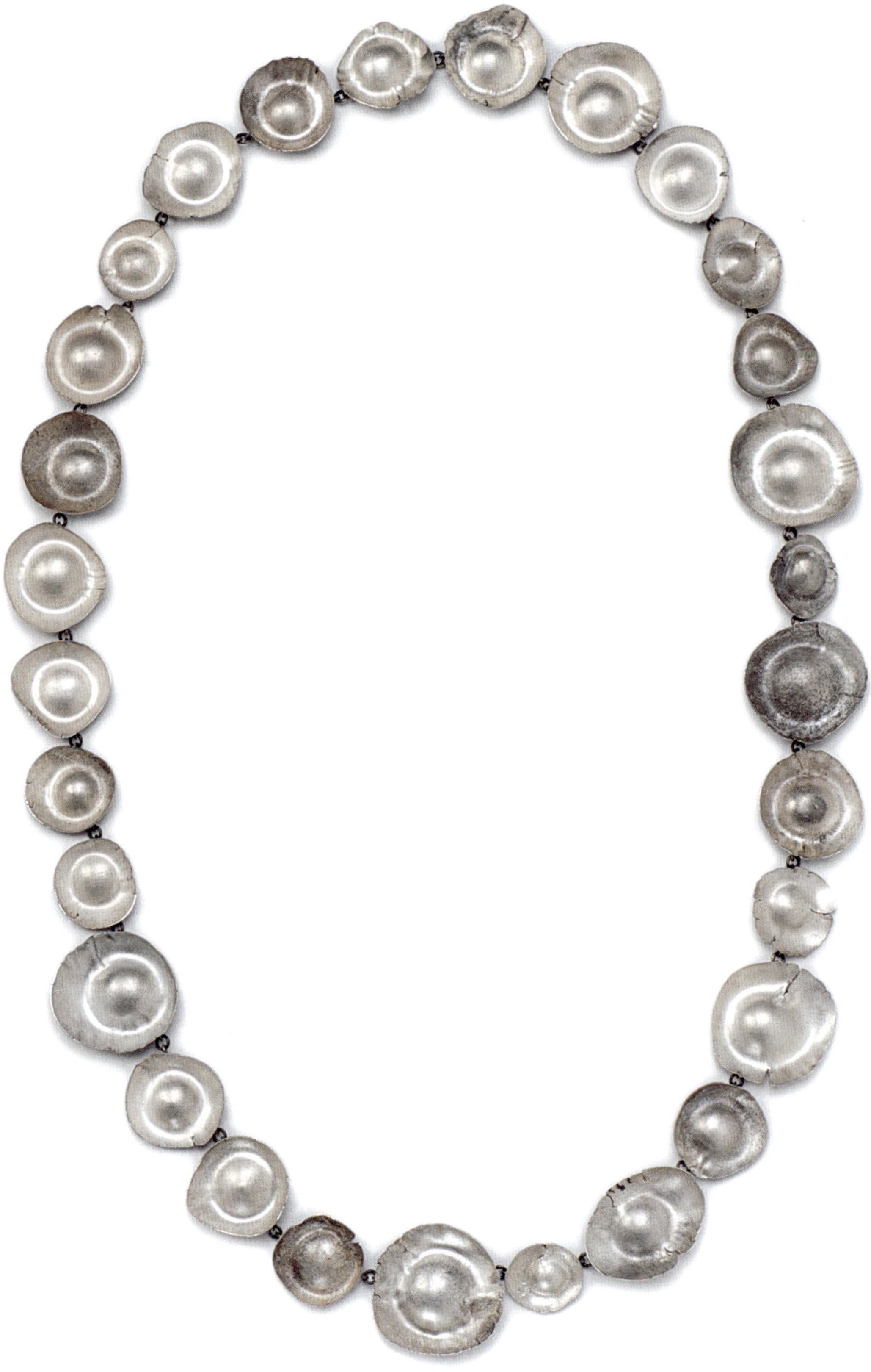

FLOWERS Kette | *necklace* 2009

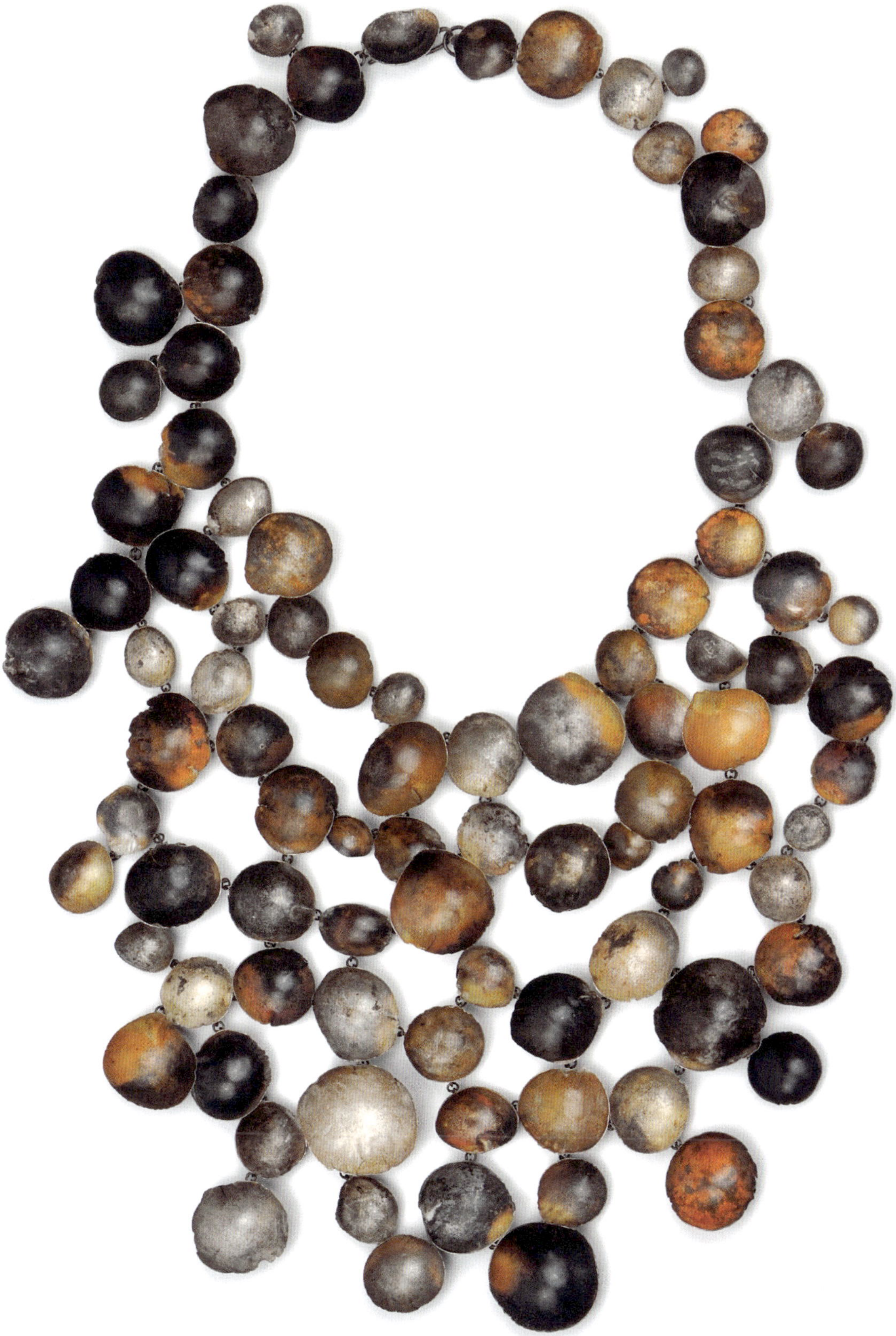

 WE Kette | *necklace* 2009

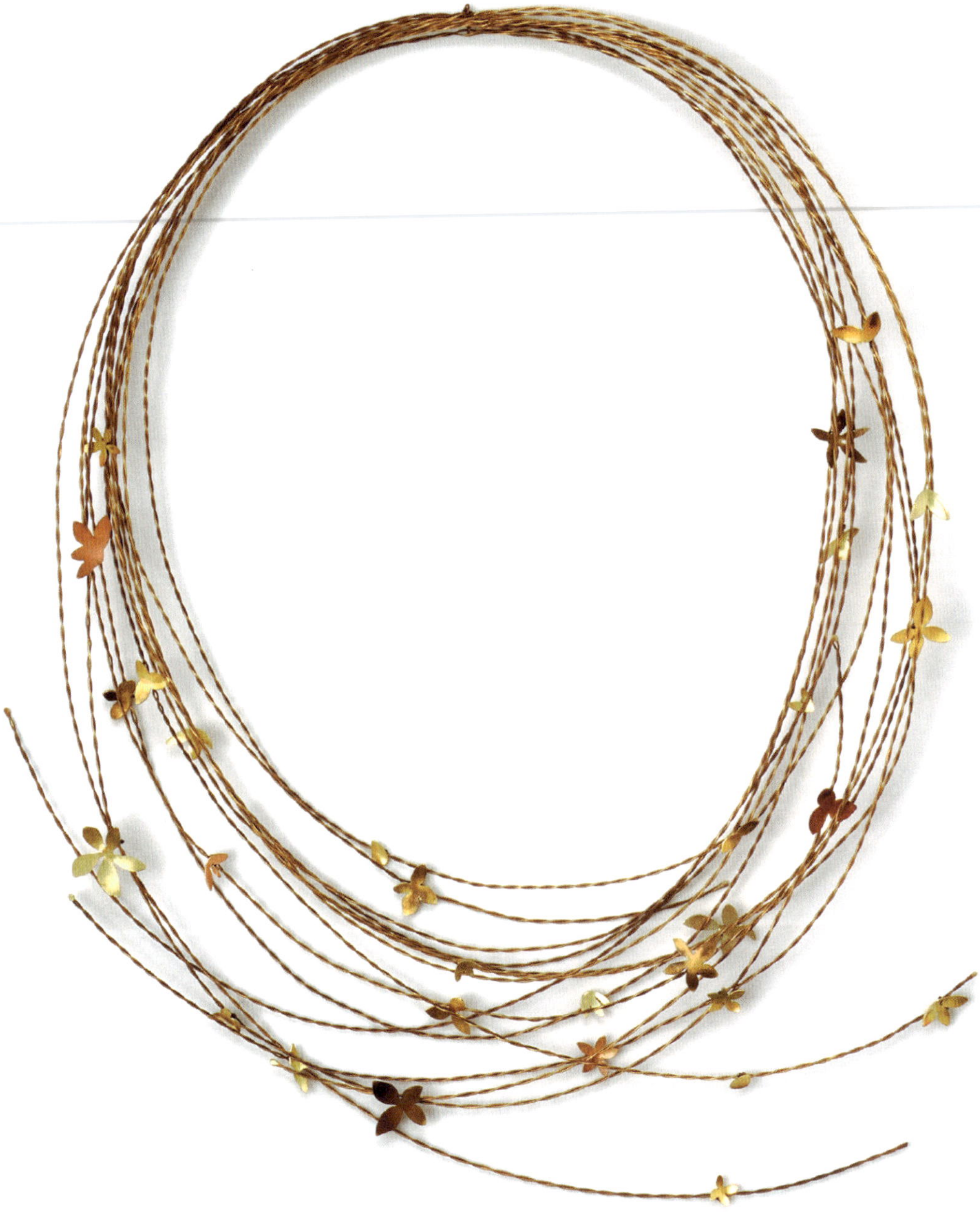

SUMMER Kette | *necklace* 2011

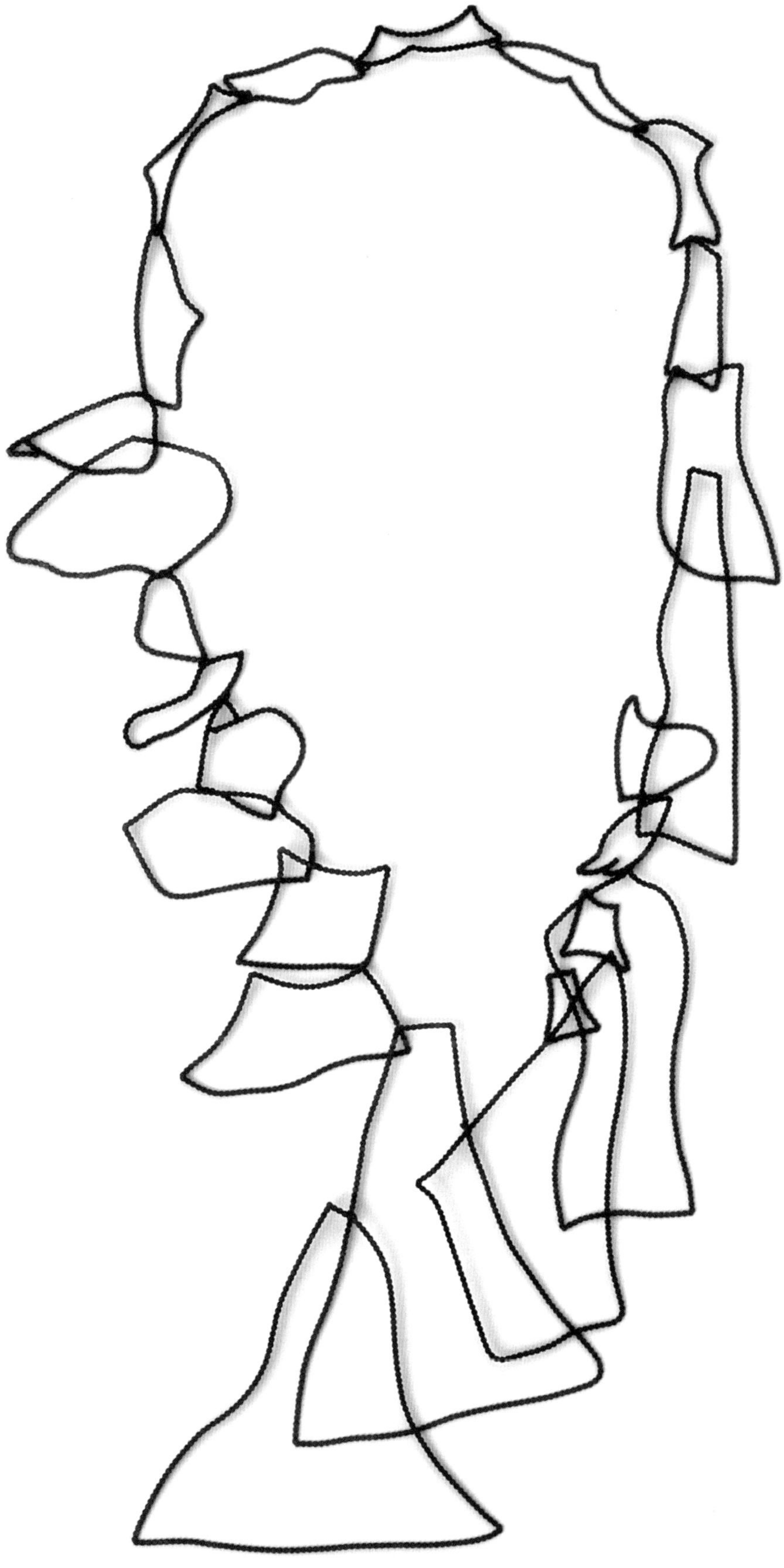

 CITY Kette | *necklace* 2010

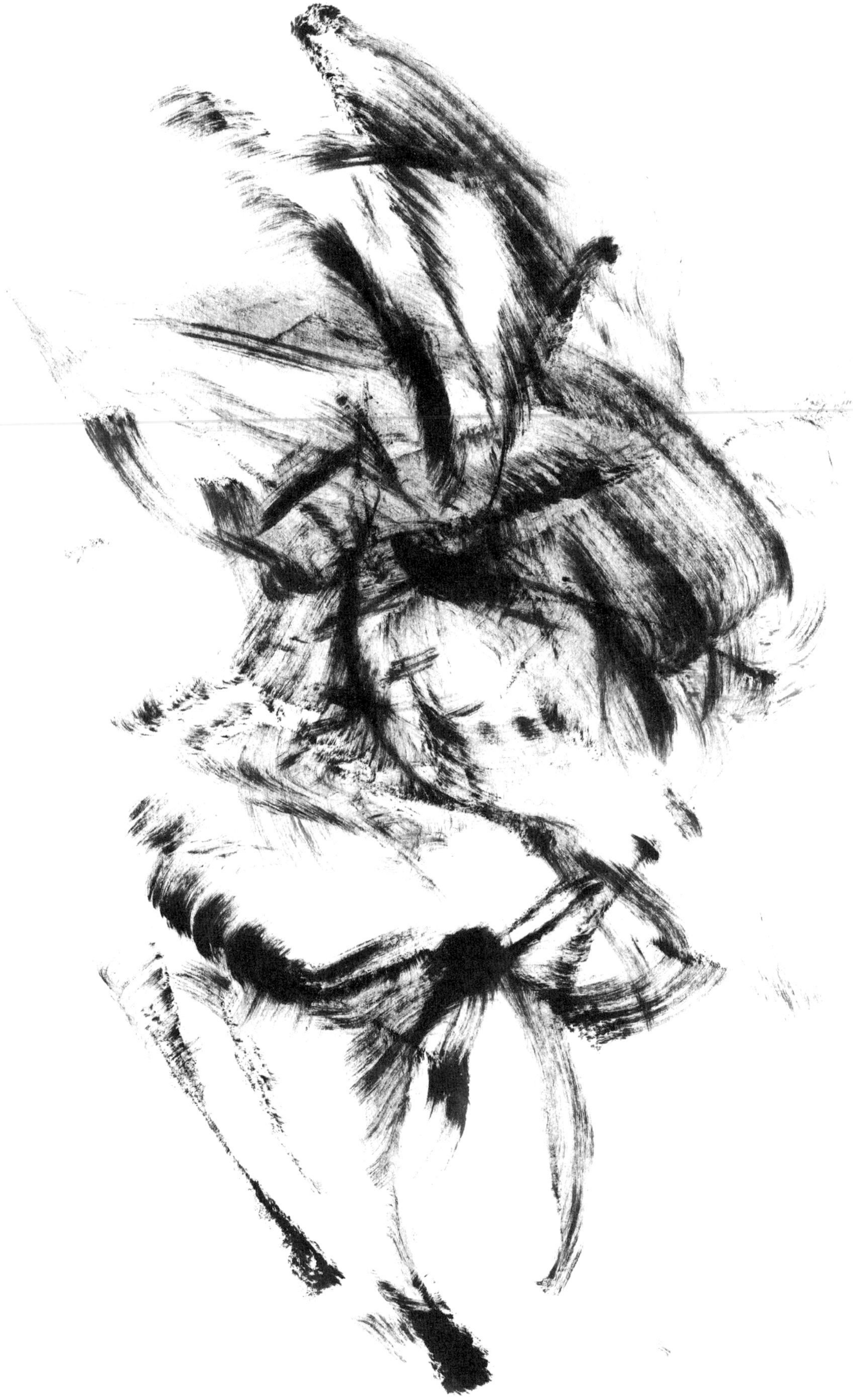

Zeichnung | *drawing* 2016

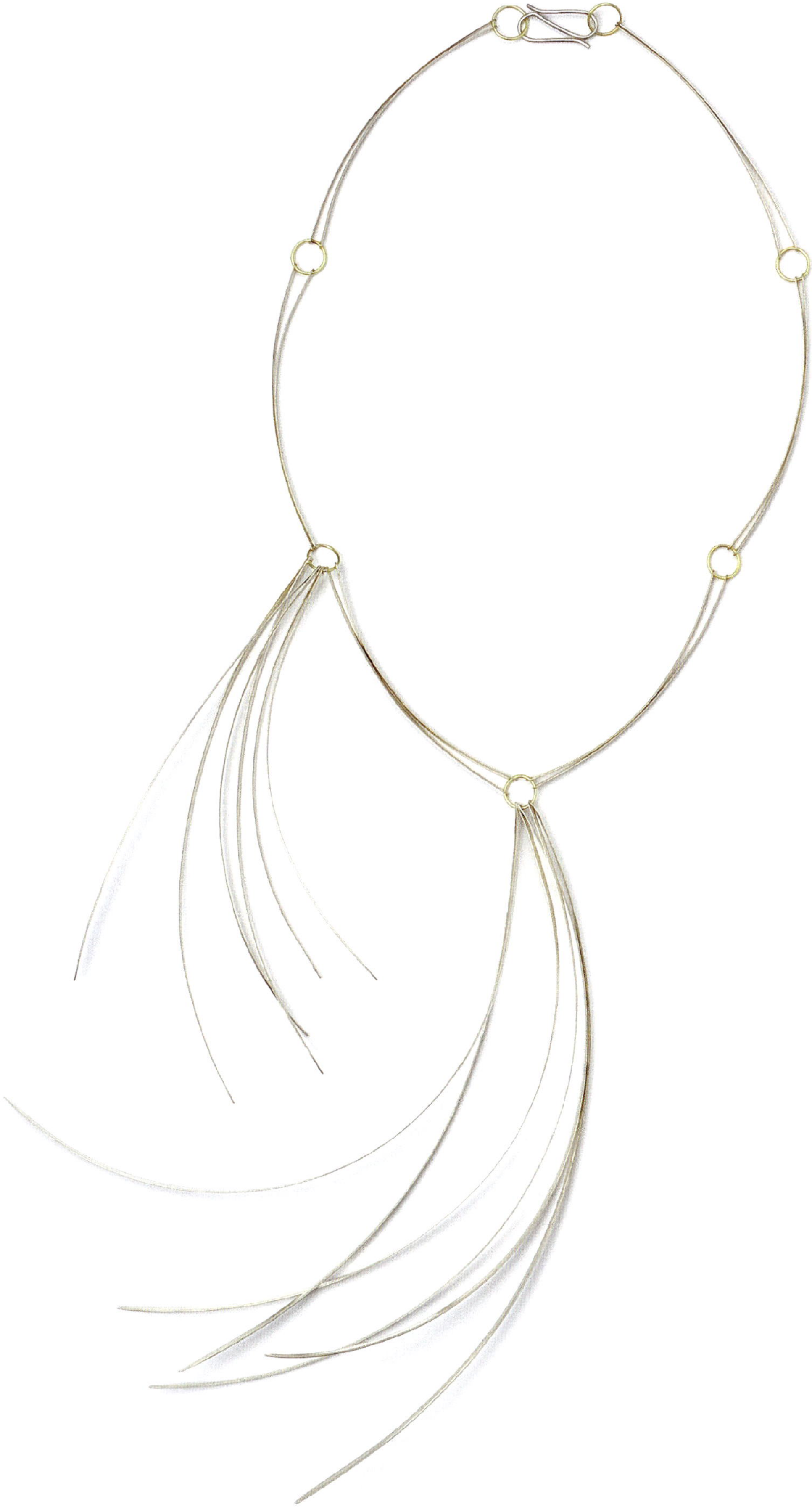

 Kette | *necklace* 2011

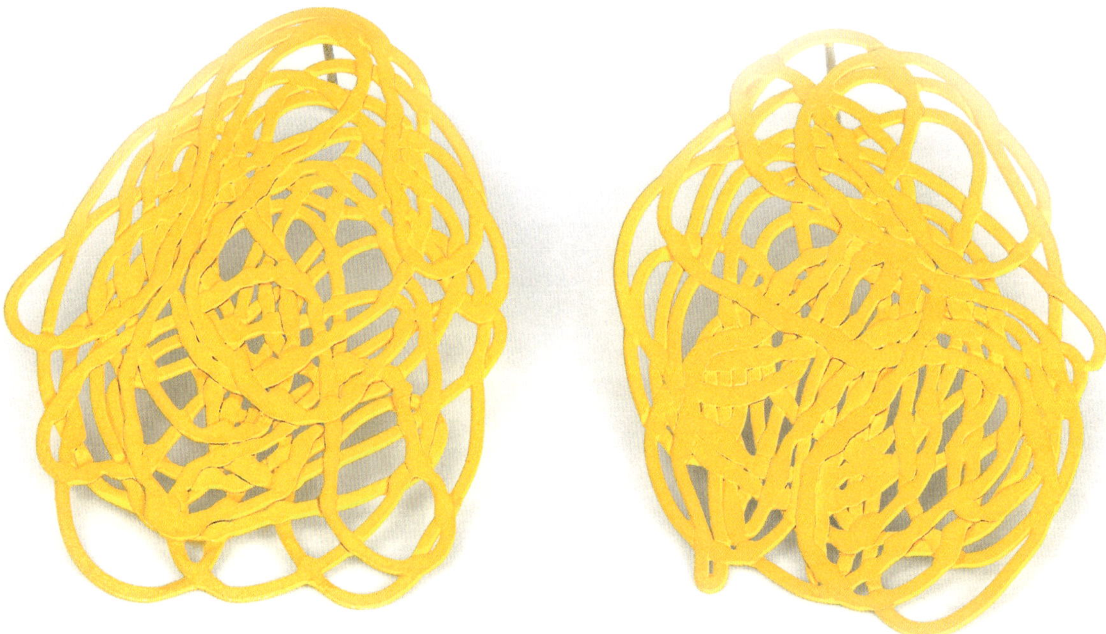

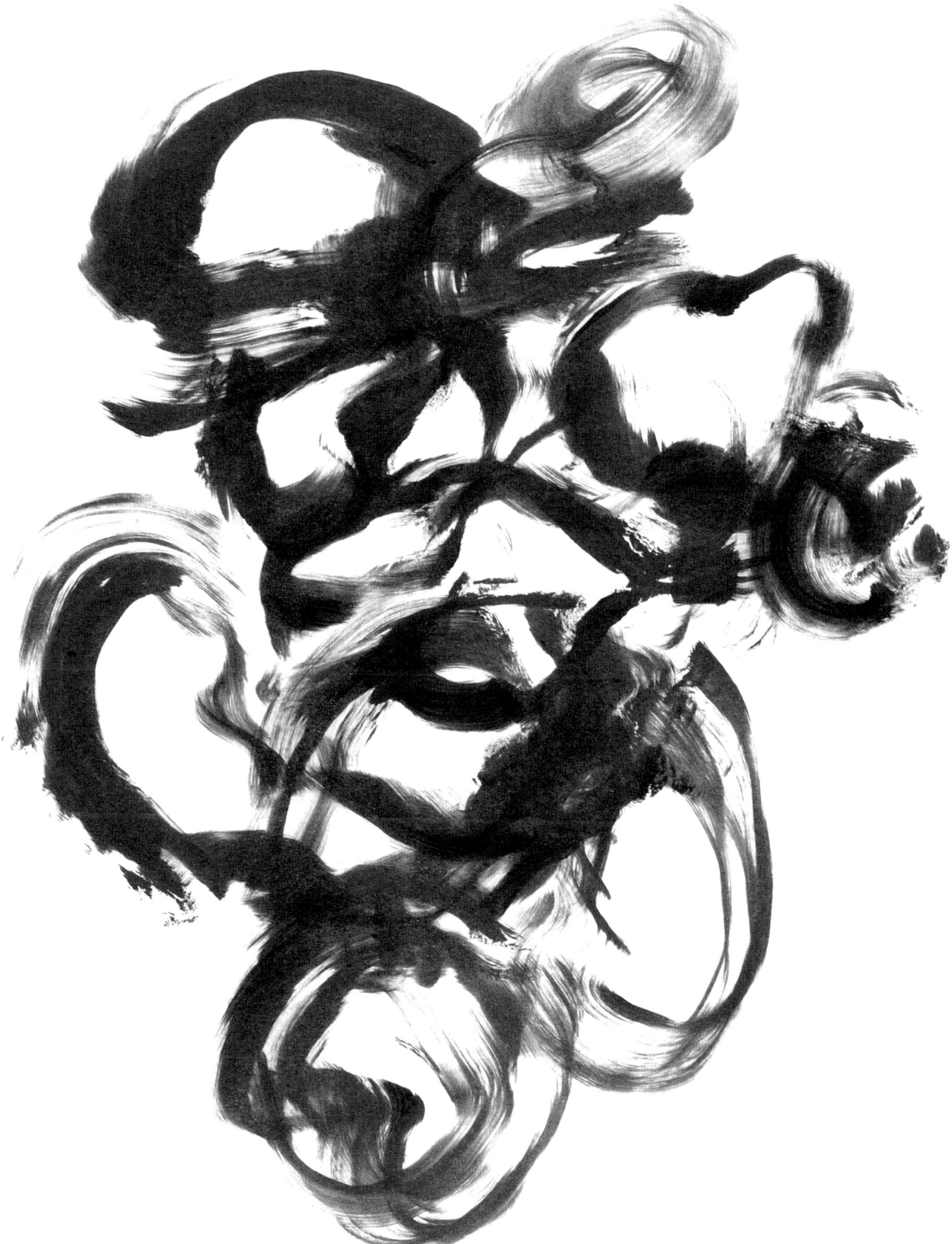

 Zeichnung | *drawing* 2016

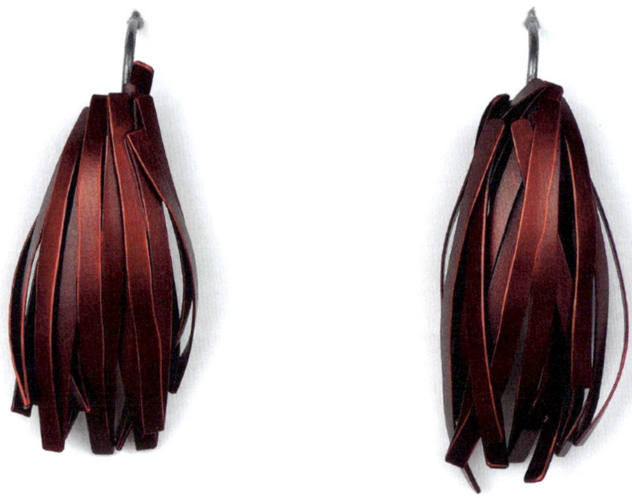

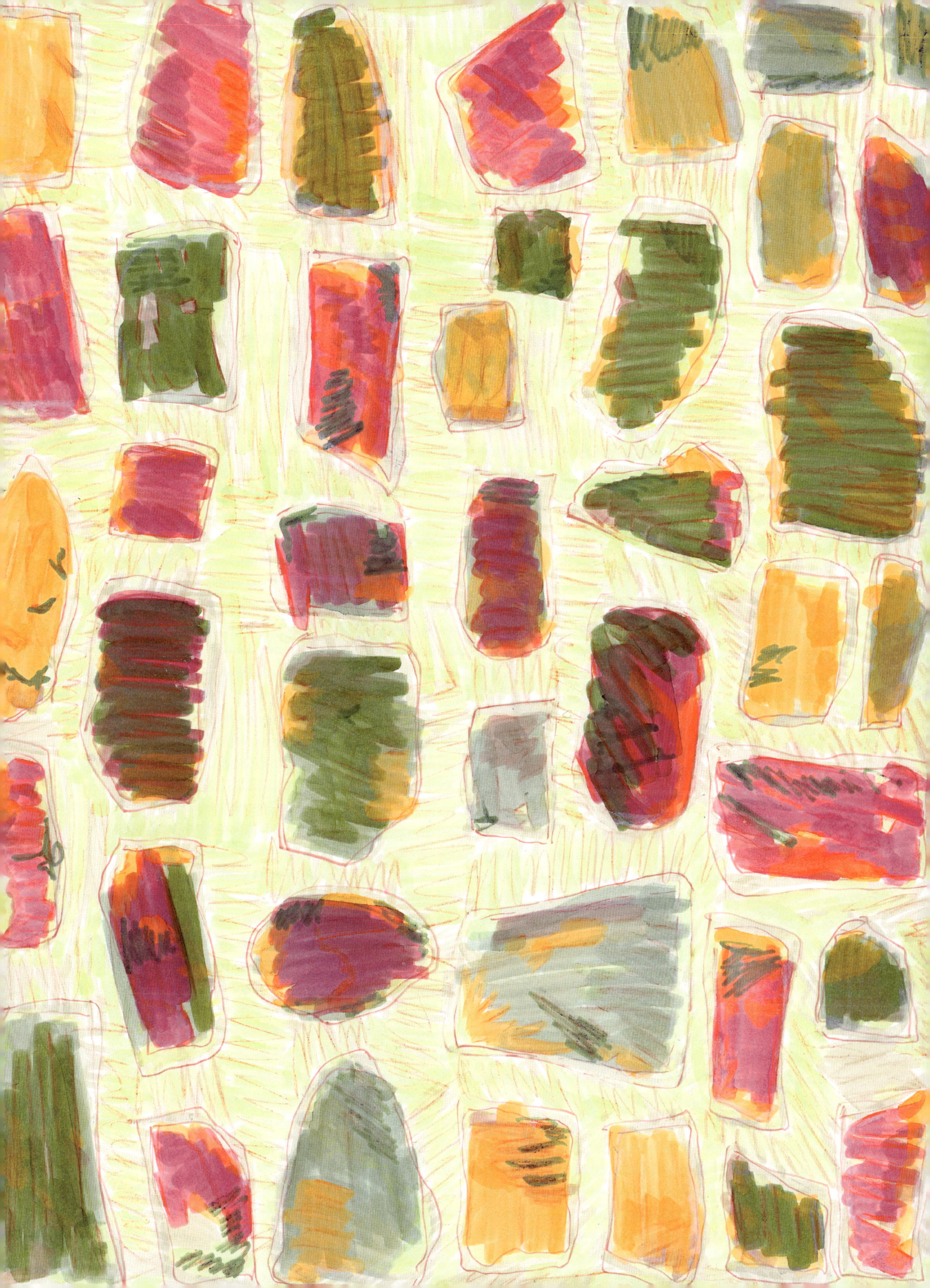

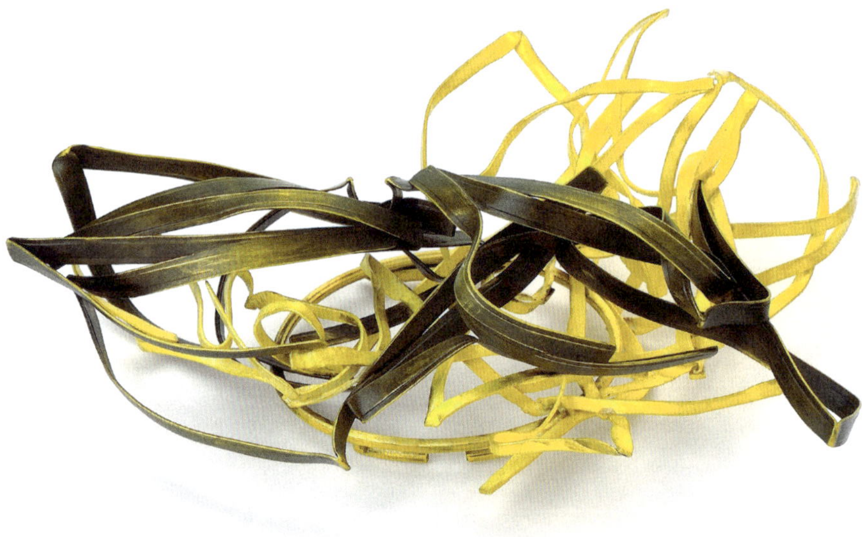

BANANABOAT Brosche | *brooch* 2011

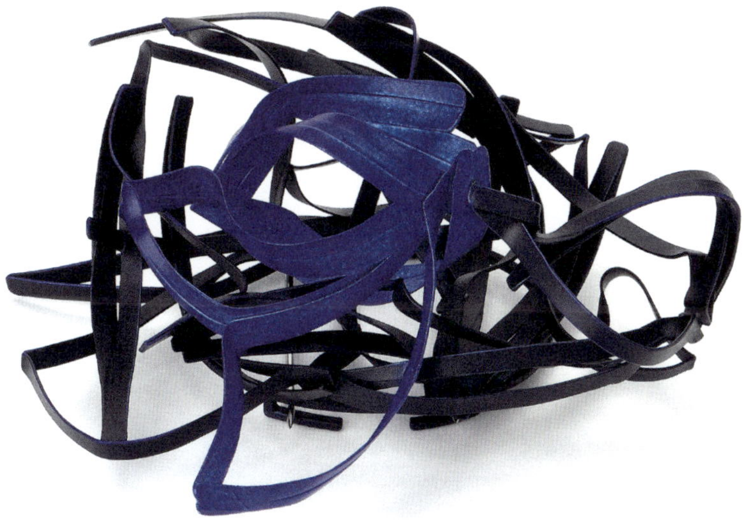

OUT OF THE BLUE Brosche | *brooch* 2011

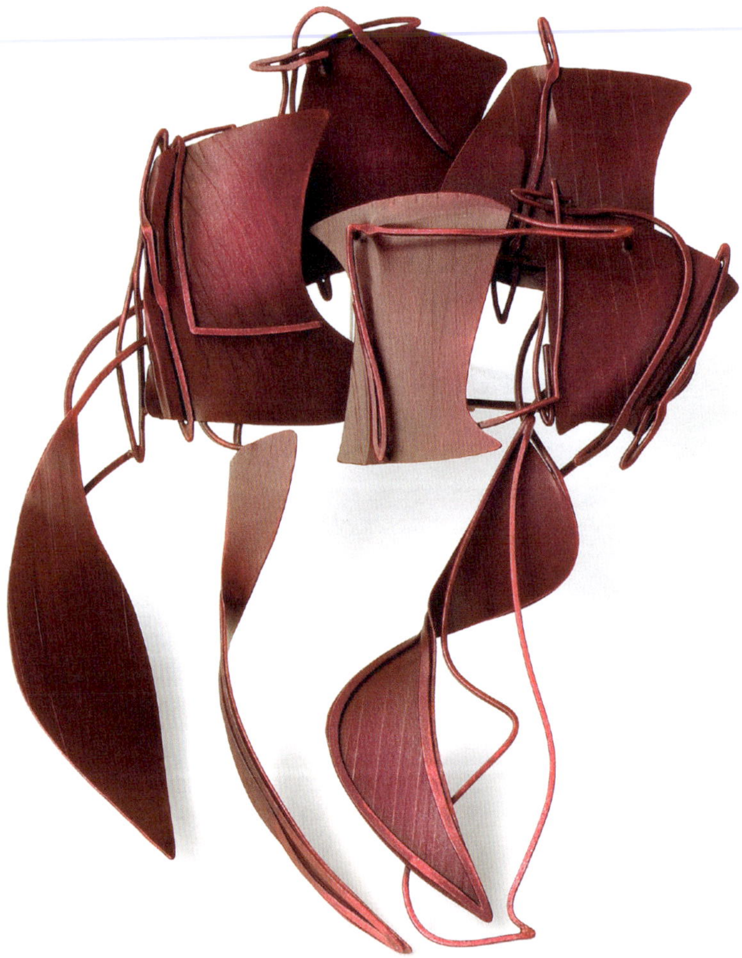

WINDJAMMER Brosche | *brooch* 2011

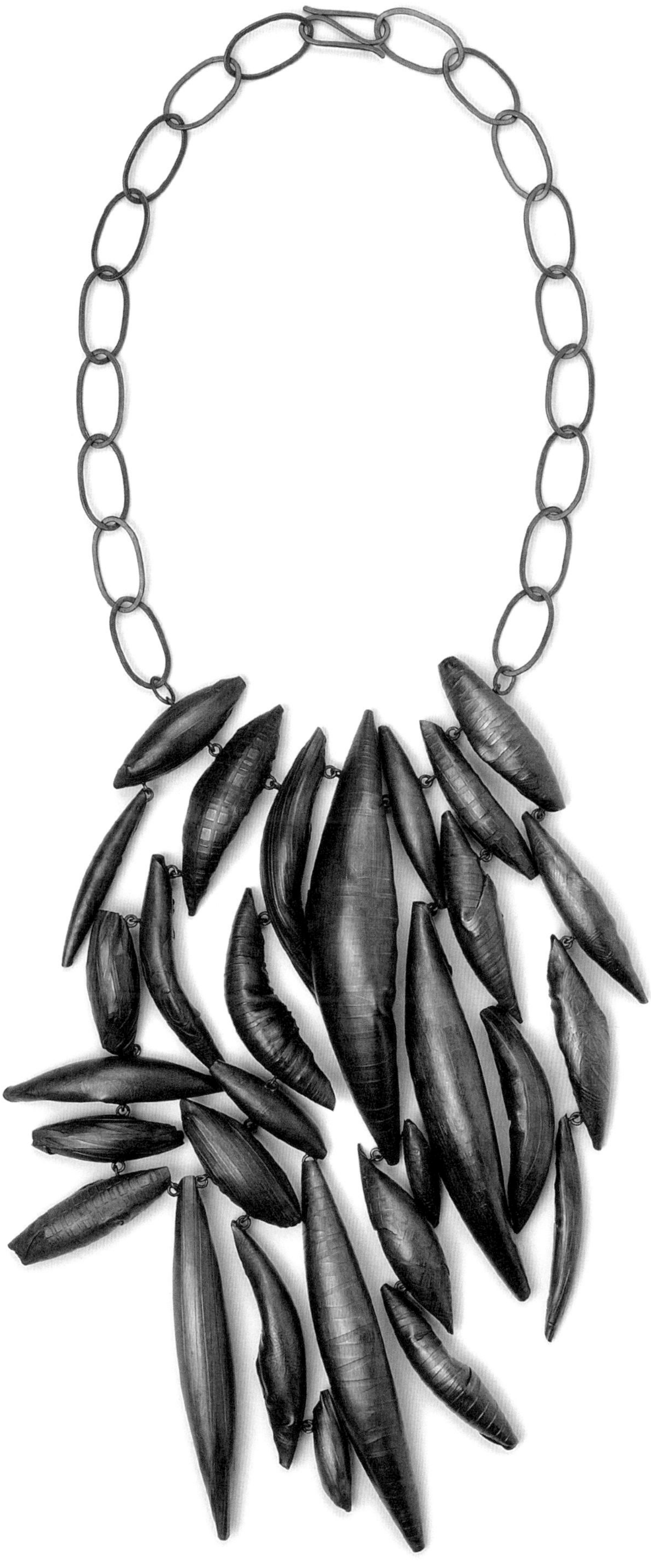

 HOMES Kette | *necklace* 2010

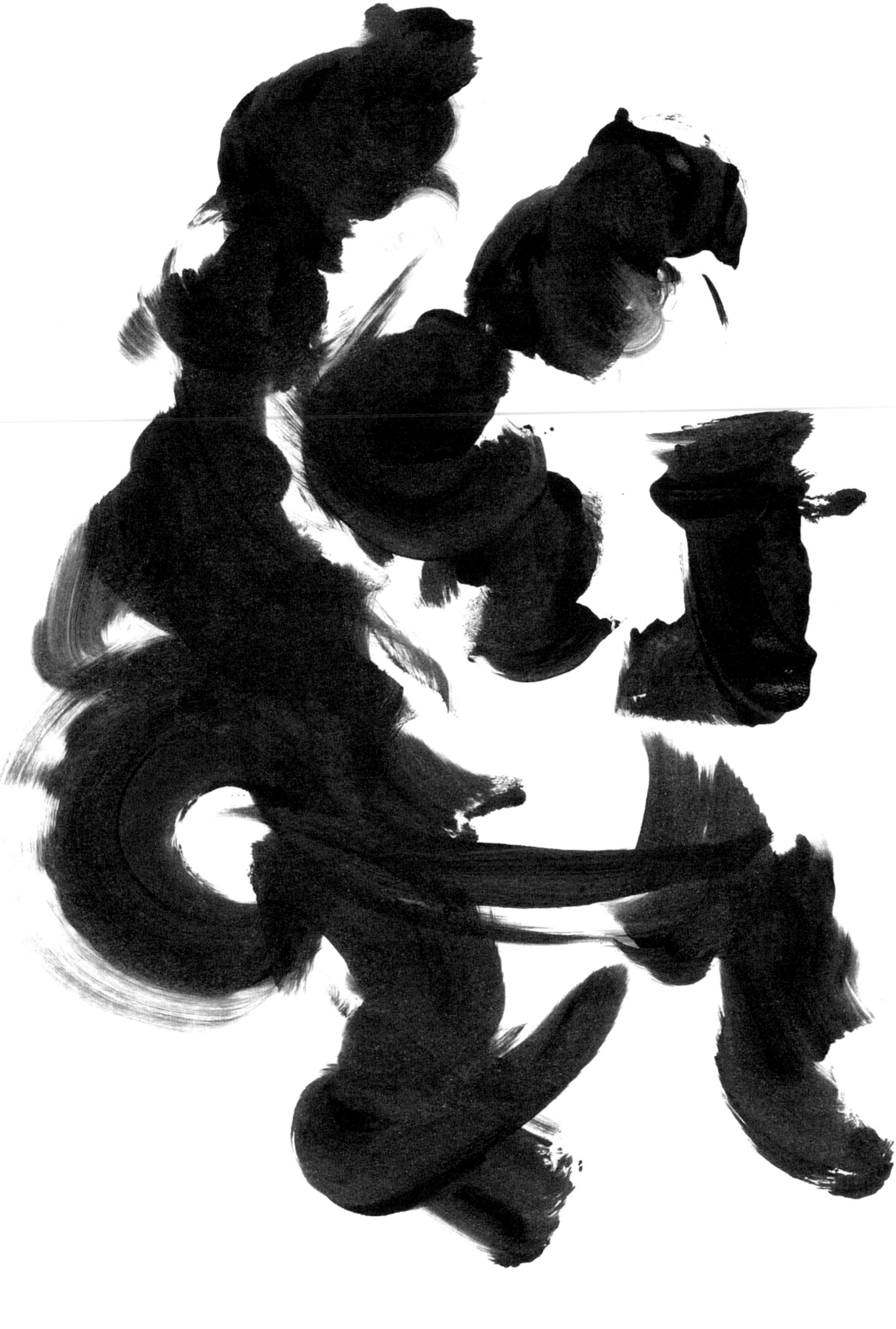

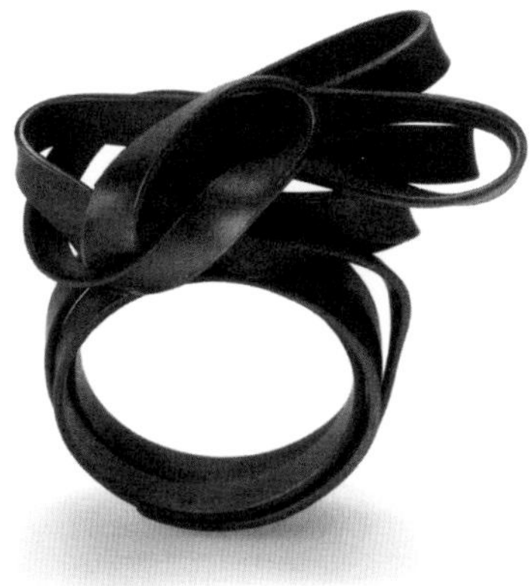

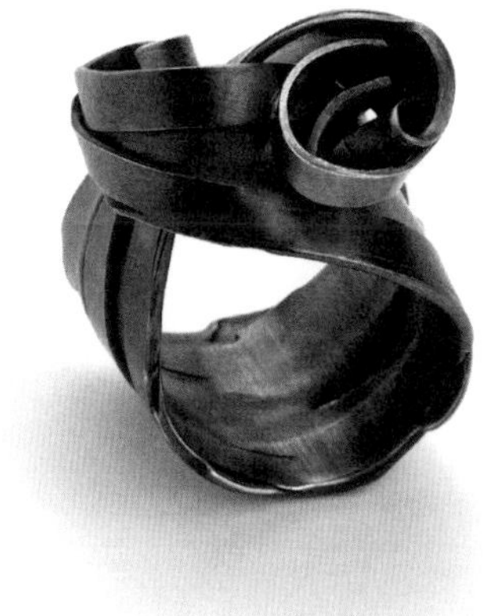

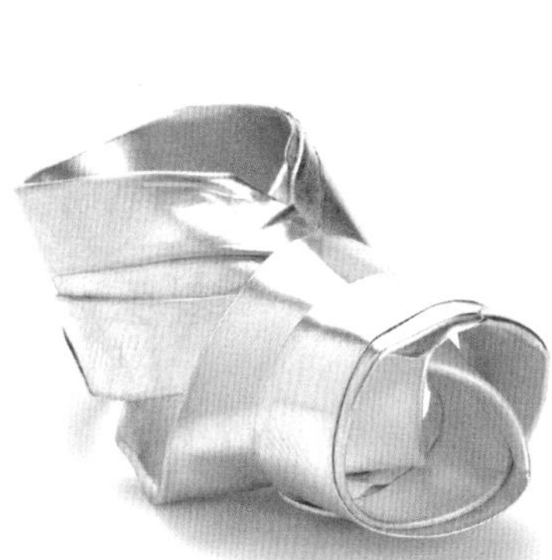

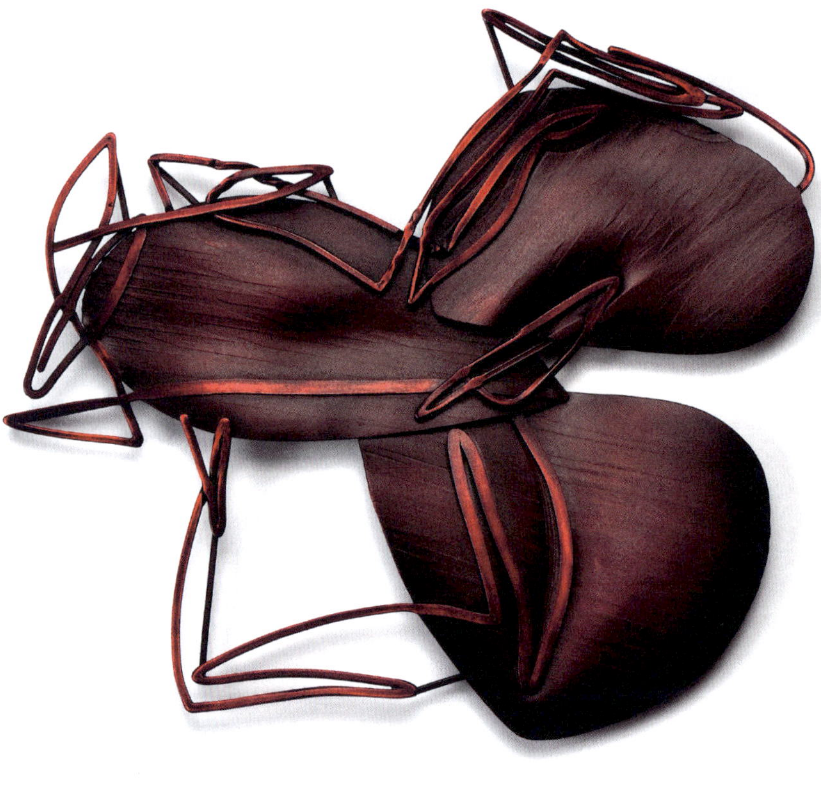

TRIO Brosche | *brooch* 2011

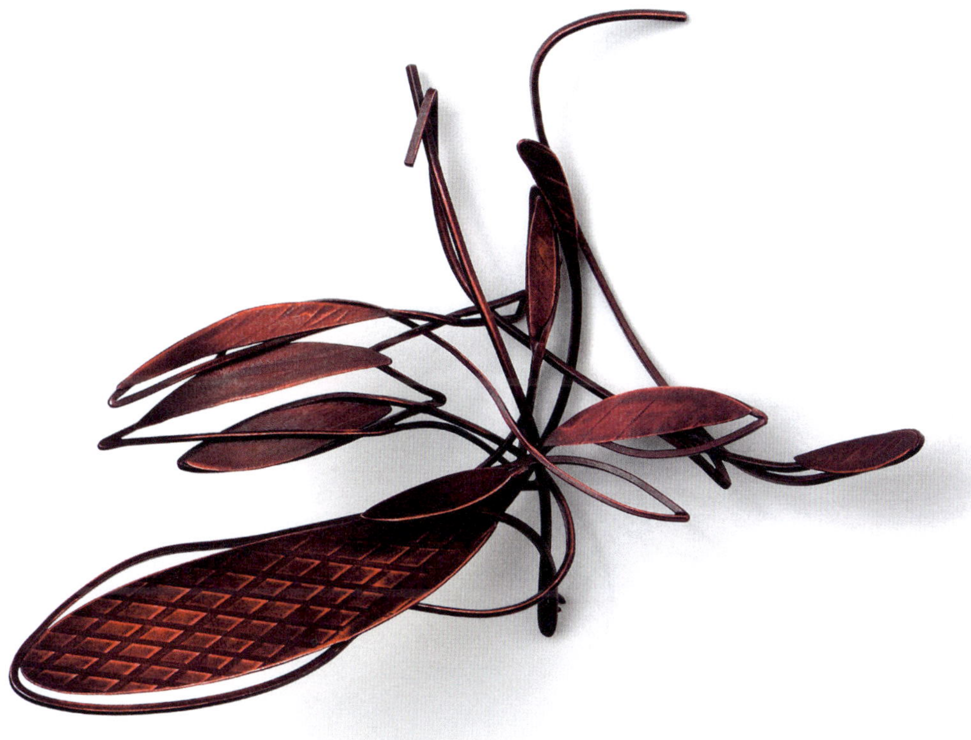

 WIDEWIDEOPEN Brosche | *brooch* 2011

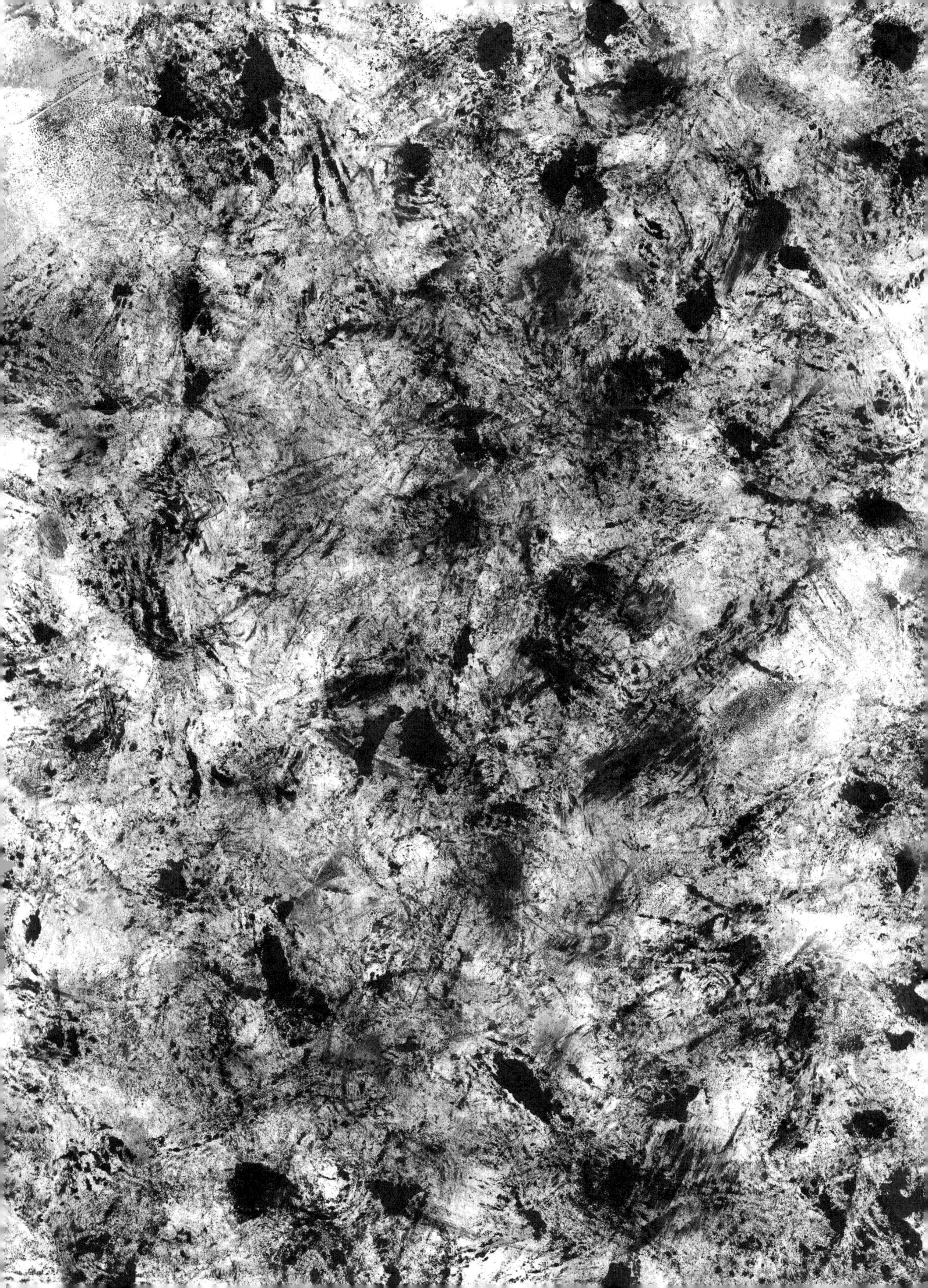

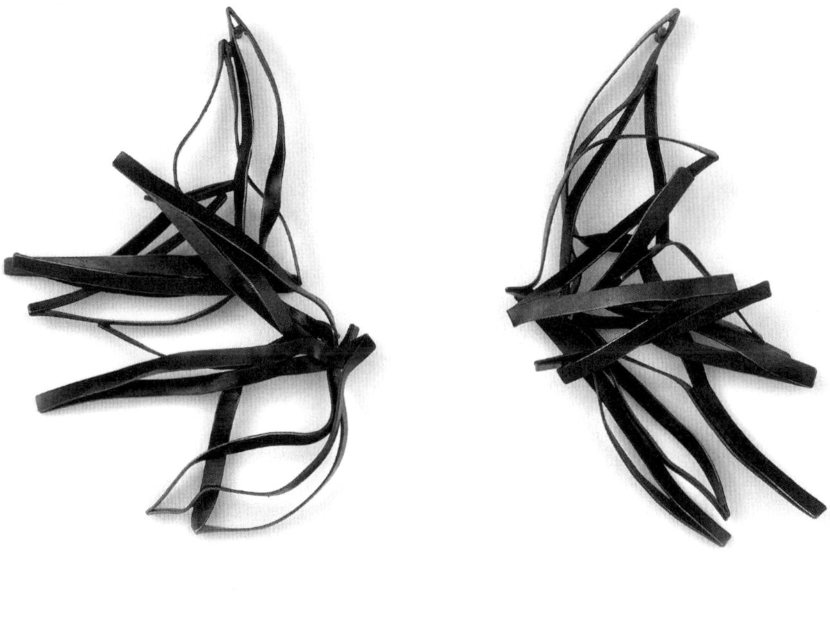

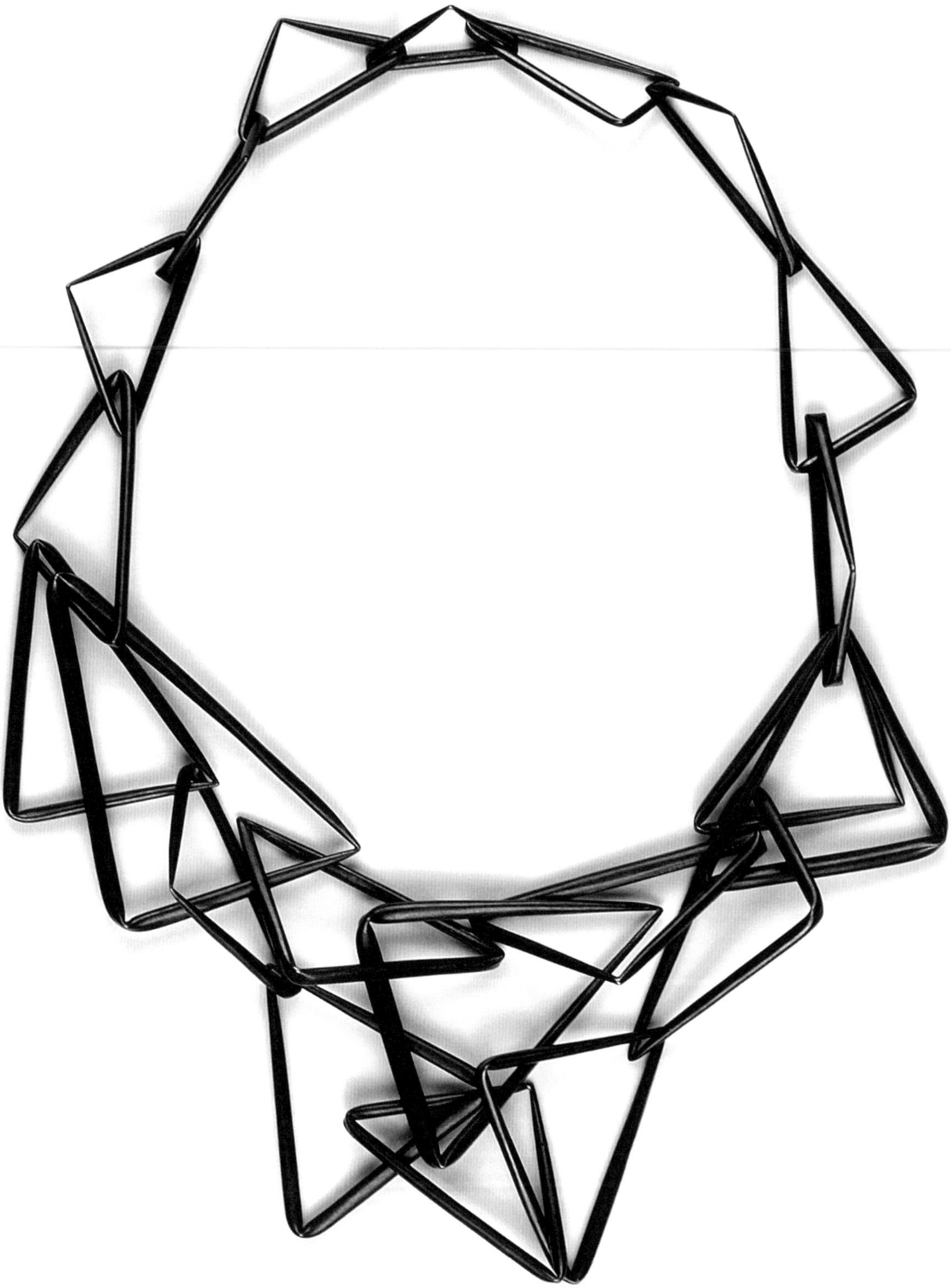

LET-IT-BE Kette | *necklace* 2014

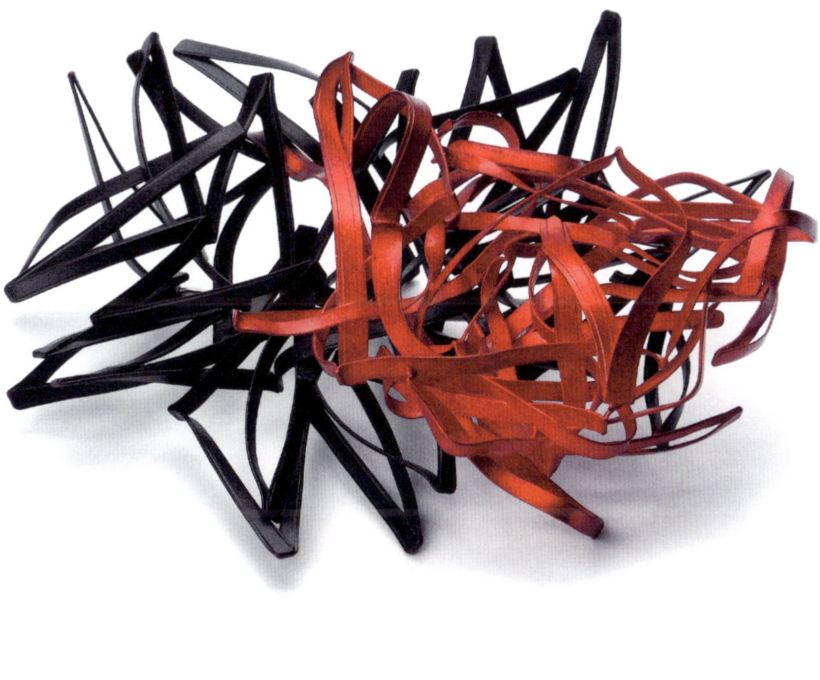

 TAKEOVER Brosche | *brooch* 2011

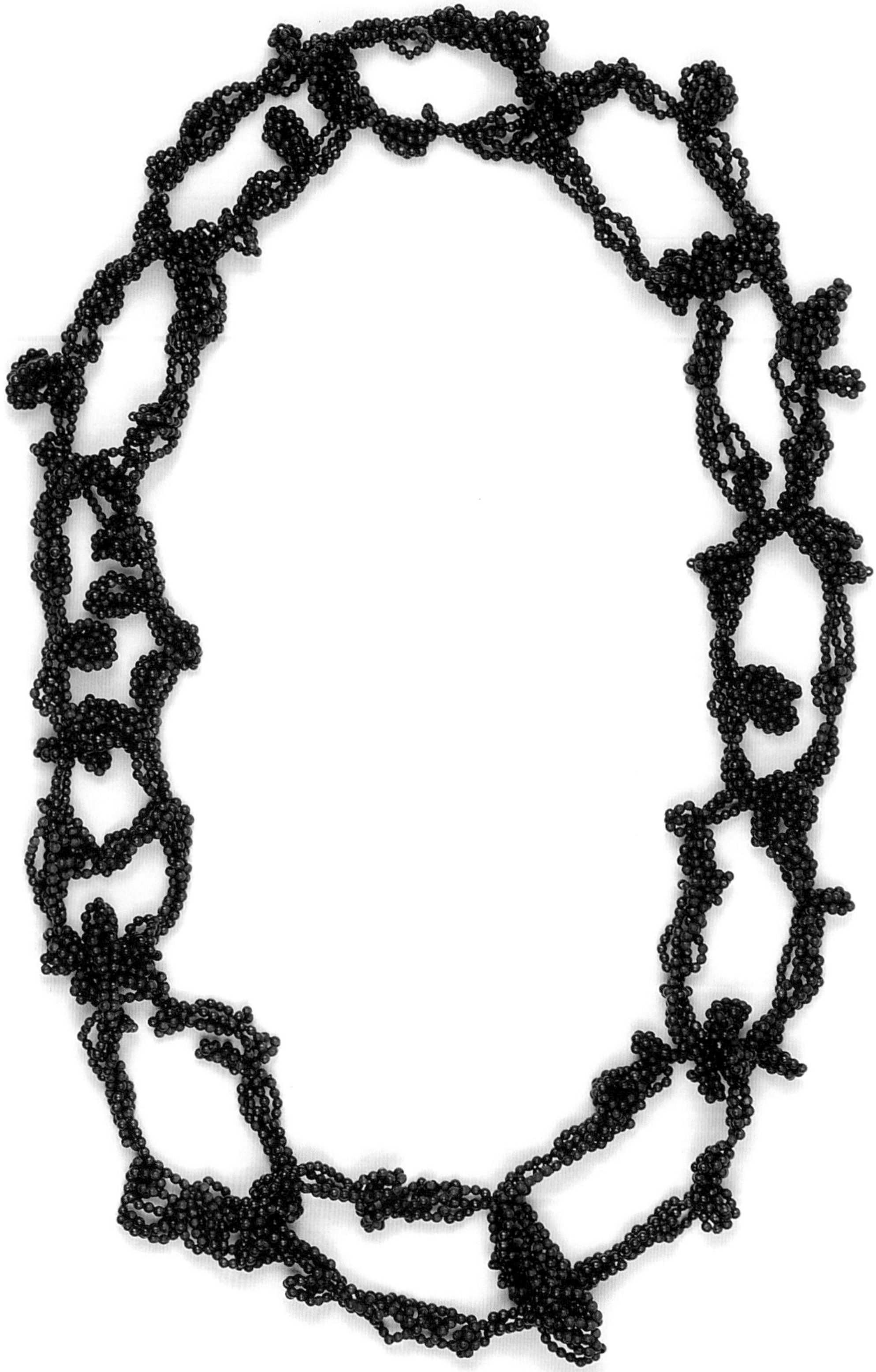

CAVIAR Kette | *necklace* 2012

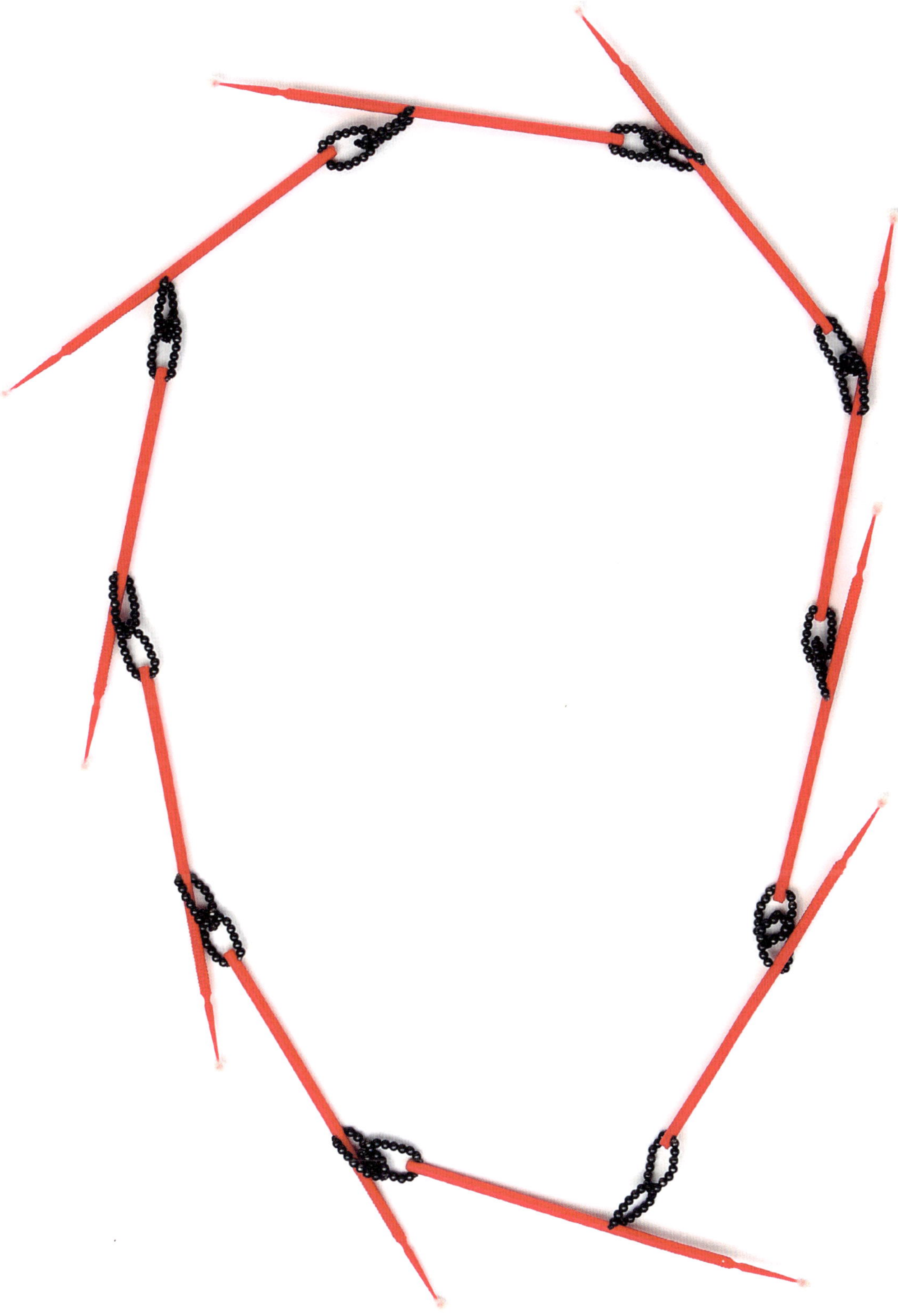

 BRAIN-BRUSH Kette | *necklace* 2012

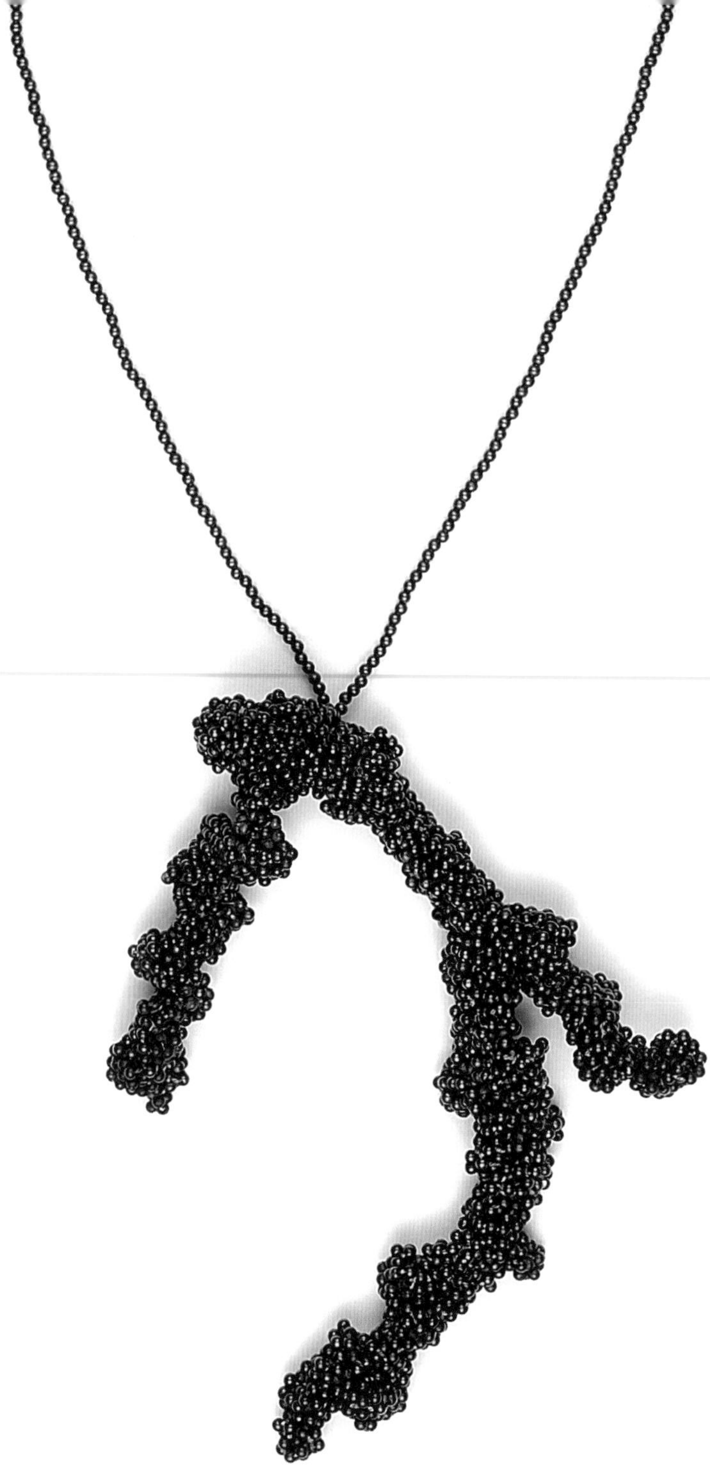

BLACK CORAL Anhänger | *pendant* 2012

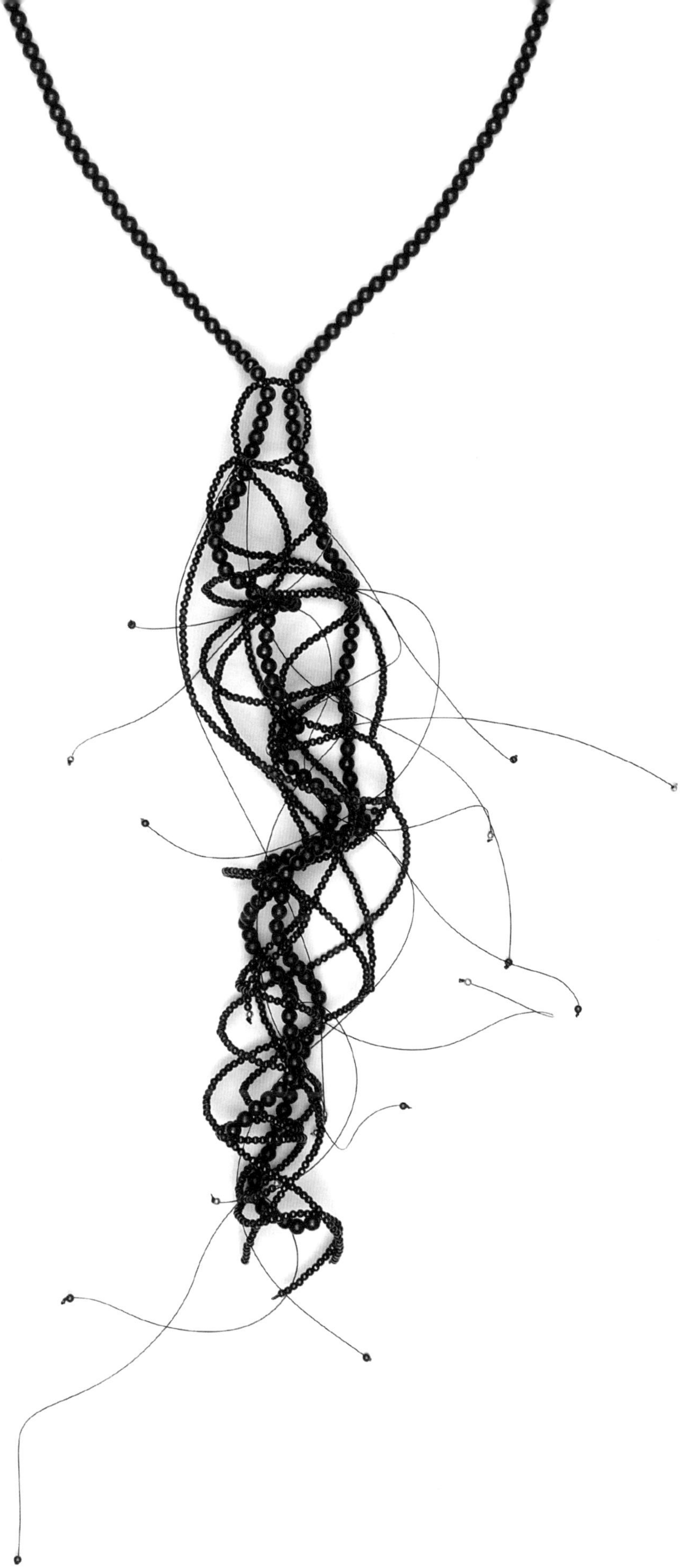

 BLACK WIDOW Anhänger | *pendant* 2012

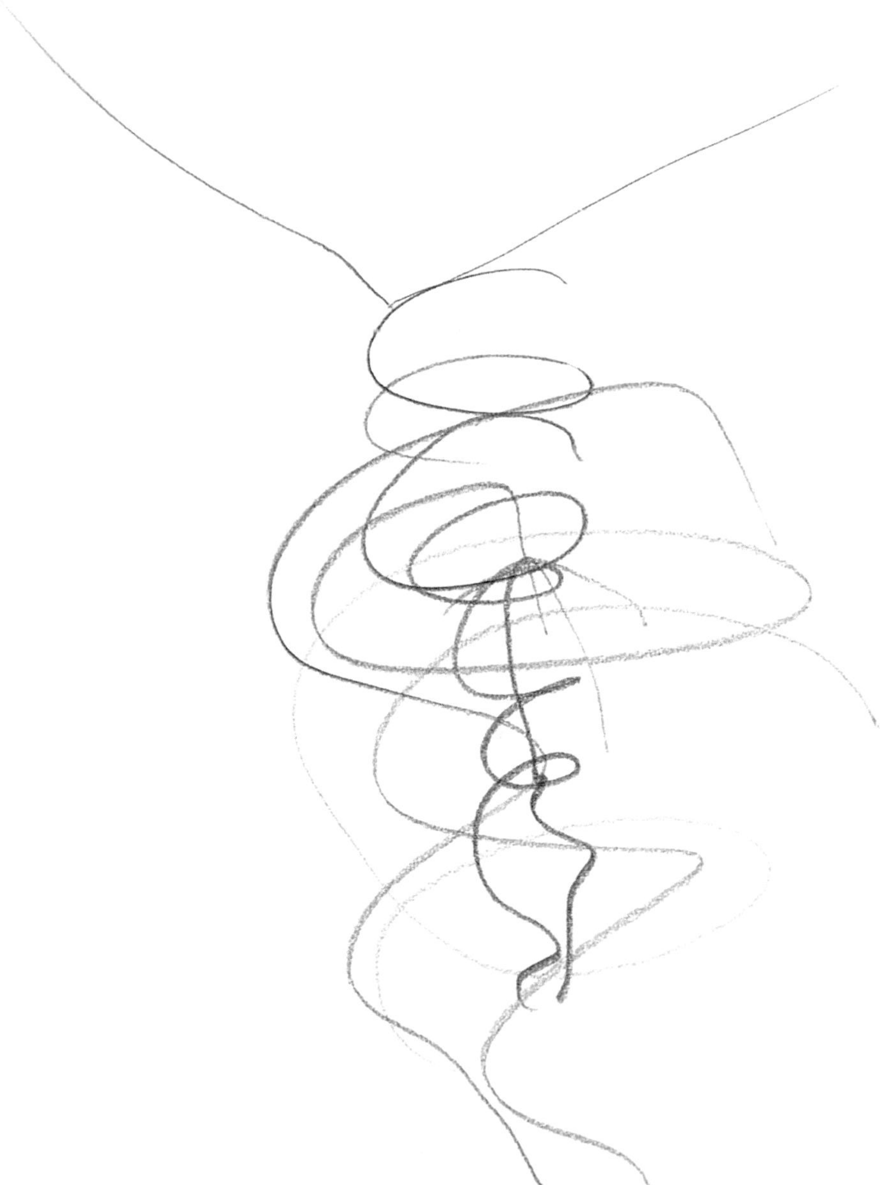

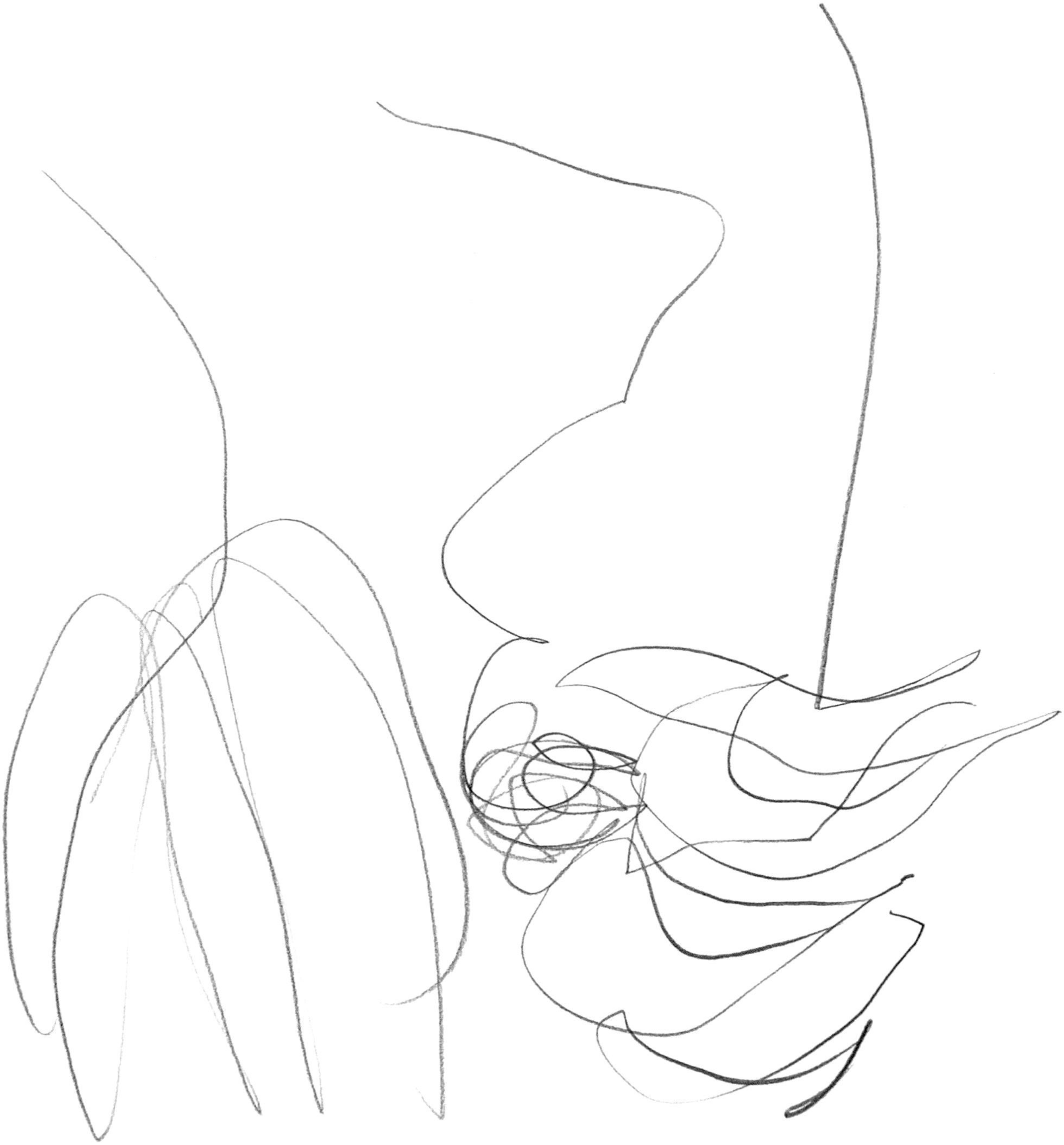

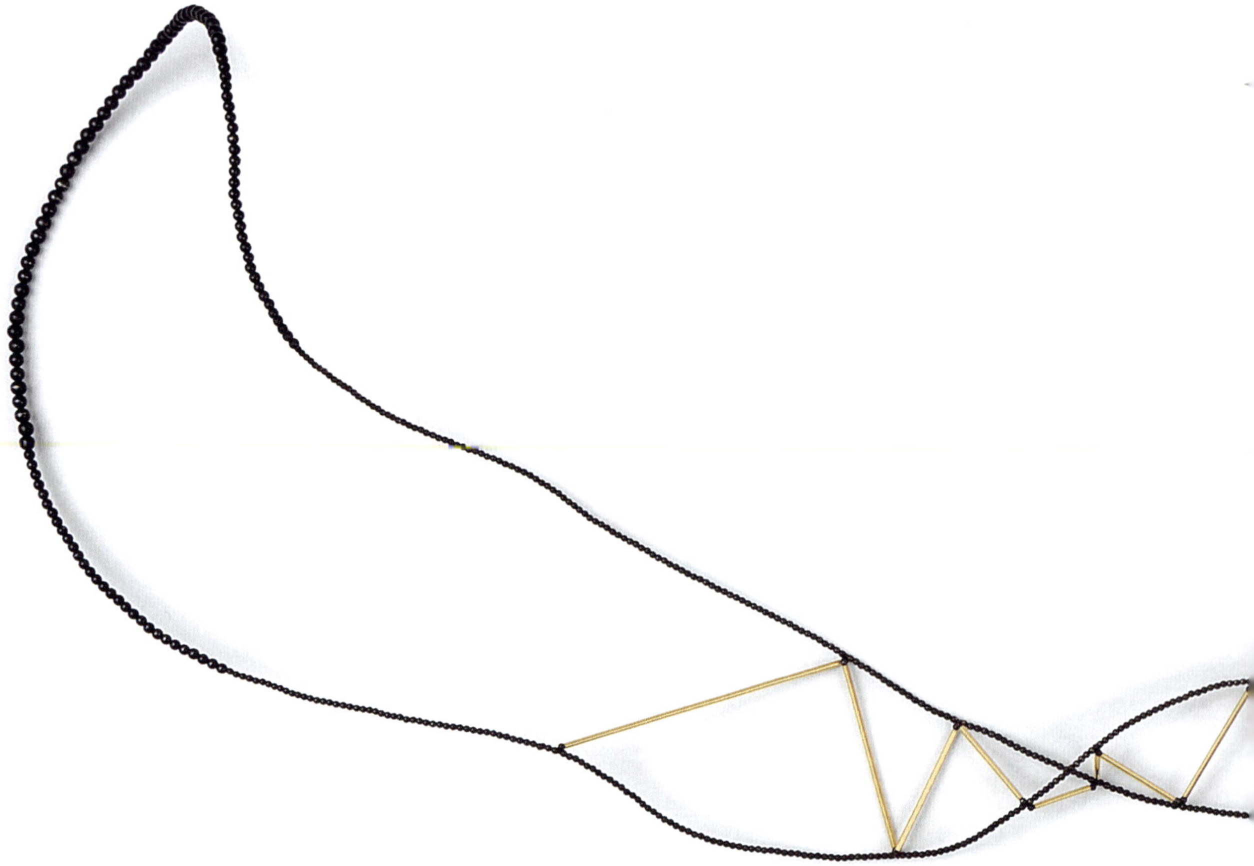

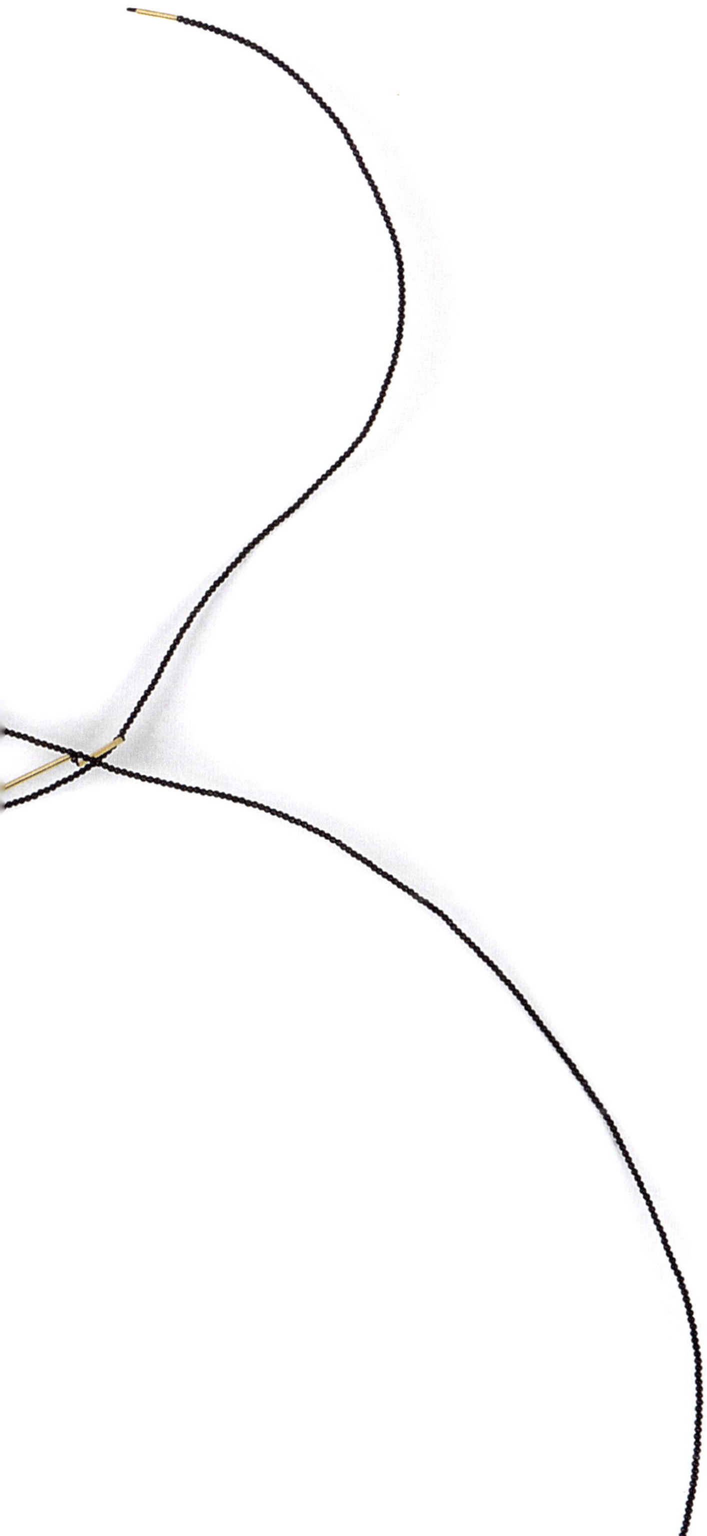

Pravu Mazumdar

Der Zwischenraum
Anmerkungen zur Doppelkunst von Doris Betz

1. Ist das Kunstwerk mehr Werk oder mehr Kunst? Fest steht, dass das Werk, das keine Kunst ist, ganz entspannt und friedfertig seinen Platz inmitten der Dinge einnimmt. Zwar fristet es ein bescheidenes Dasein im Dienst der Menschen und ihres technisch gesteigerten Lebens. Aber es ist doch unabhängig genug, um auch mal nicht zu funktionieren, mal kaputt gehen zu können und ohne großes Aufhebens ersetzt zu werden. In seiner Hinfälligkeit benimmt sich das Werk wie ein Ding. So wie ein Hund ein Tier bleibt und sterben kann, auch wenn er darauf abgerichtet ist, den Menschen zu dienen. Das Werk, das keine Kunst ist, hat keinen Ewigkeitsanspruch.
Ist aber ein Ding nicht unmittelbar *nützlich*, so kann es entweder, wie Fels, Baum oder Stern, noch vor der Schwelle zum Artefakt stehen bleiben, oder über das Artefakt hinaus gehen und einen neuartigen Wert jenseits des Gebrauchswerts erlangen, der es zum Anspruch auf Dauer, sowie zum Schutz gegen den natürlichen Verfall der Dinge berechtigt. So kommt es, dass das Ding jenseits des Artefakts sich gleichsam innerhalb der eigenen Umrisse zusammenzieht, seinen Boden *gegenüber* den anderen Dingen behauptet und jedes Eindringen von Welt abwehrt. Man spürt in der Nähe des Kunstwerks eine Spannungsschwelle, als ob es von einer *Haut* umzogen wäre.

2. Die Schutzhaut des Kunstwerks verdankt sich einer Konstellation aus Räumen, Temperaturen, Lichtverhältnissen, Blicken, Diskursen, die in ihrer Gesamtheit das *Museum* ergeben. Zu jedem Ding, das mehr Kunst als Werk ist, gehören die Rituale seiner *Musealisierung*, die es isolieren und gegen die Zeit schützen sollen, zugleich aber auch nicht verhindern können, dass es die Grenzen des ihm zugedachten Ortes überschreitet und mit den Dingen kommuniziert. So kann es zum einen mit den konkreten Elementen der ihm äußeren Welt austauschen: den Wänden, Säulen, der Decke, der Lichtverteilung, den herumhuschenden Körpern der Kunstbeflissenen und der sie maßregelnden Kunstwächter, dem Alarmsystem, das jederzeit losgehen könnte, und natürlich auch der Eintrittskarte. Zum anderen aber bezieht sich das Kunstwerk, kraft seines Bildgehalts, auf die Dinge im allgemeinen, so wie das schwarze Quadrat auf alles, was quadratisch und auf alles, was schwarz ist.
Kommt es nun zu einer Verschiebung dieser Dinge, so wird das ganze Beziehungsgewebe, aus dem heraus das Kunstwerk besteht, verändert und damit natürlich auch unsere Wahrnehmung und vor allem das Kunstwerk selbst, das mit seiner Umgebung mitschwingt und mit ihr in Fluss gerät. Zwar erkennt man in ihm keinen „Wesenskern" mehr, doch spürt man dennoch die Aura seiner Einzigartigkeit, die sich dem *Zwischenraum* zwischen dem Kunstwerk und den Dingen verdankt.

3. Eine andere Art von Zwischenraum entspringt der Serialisierung unterschiedlicher und unterschiedlich kombinierbarer Kunstwerke, wenn diese zeitgleich und im gleichen Raum ausgestellt werden. In diesem Fall wäre die Summe aller Zwischenräume weder der physische Raum des Ausstellungsortes noch der Raum zwischen den Deckeln eines Buches mit den Bildern der Werke, sondern, mathematisch gesprochen, der Gesamtraum der Wechselwirkung der Bildgehalte aller einzelnen Werke. Die serielle Architektur solcher Räume ergibt Konstellationen, die die „Leuchtkraft" der einzelnen Werke bestimmen.
Im Rahmen solcher Logik präsentiert Doris Betz ihre Doppelwelt aus Zeichnung und Schmuckkunst: nicht nur als Ansammlungen heterogener Objekte, sondern vor allem als Serien von Zwischenräumen, in denen sich die Exponate gegenseitig durchdringen, ohne dass dabei der Rangunterschied zwischen „Entwurf" und „Ausführung" eine Rolle spielt. Im Vorfeld solcher Zwischenräume finden sich zwei traditionelle Formen der Abwertung neutralisiert, die zu Beginn der europäischen Neuzeit aufgekommen sind. Zum einen geht es um die Degradierung der Zeichnung zur „bloßen" Skizze, die eine dienende Rolle übernimmt und die Vorstufe zur Realisierung eines vorgesehenen Kunstwerks abgibt. Darin zeigt sich im

künstlerischen Bereich die Wirkungsmacht eines neuzeitlichen Handlungsdispositivs, das im allgemeinen den planenden Zugriff auf die Welt regelt. Zum anderen aber geht es um den Status von Schmuck, der seit der Renaissance als Beiwerk und Dekoration eingestuft wird.[1]

4. Die Doppelkunst von Doris Betz zeitigt einen doppelten Betrachterblick, der den ausgestellten Objekten kein einigendes Künstlerbewusstsein unterstellt, sondern der konkreten Dynamik ihrer Unterschiede nachspürt. Darin meldet sich ein Einstellungswechsel des Betrachterblicks, der die Zeichnungen nicht mehr als Vorformen der darauf folgenden Ringe, Broschen, Halsketten deutet, und die Koexistenz von Zeichnung und Schmuck nicht mehr als eine Einladung entziffert, einen Blick in die Werkstatt der Künstlerin zu werfen. Vielmehr geht es um die Notwendigkeit, das Doppelwerk auf zwei unterschiedliche und eigenständige künstlerische Prozesse zurückzuführen, statt das eine, etwa die Zeichnung, dem anderen, etwa dem Schmuck unterzuordnen. In anderen Worten ist also dem Doppelwerk die Aleatorik eines wiederholten Würfelwurfs abzulesen, der sich einmal in der Linienführung einer zeichnenden Hand dokumentiert; und einmal im Schmuckwerk als Spur und Ergebnis einer skulpturalen Auseinandersetzung mit einem Material.

Doch kann man zwischen den gezeichneten Werken auf der einen Seite und den gewundenen, gelöteten, aufgefädelten Werken auf der anderen zuweilen einen gemeinsamen Bewegungsstil wahrnehmen, anstelle etwa der herkömmlich zu erwartenden Einheit eines planenden Bewusstseins. Das geschieht etwa zwischen der Zeichnung, S. 30 und den Ringen, S. 31; der Tintenzeichnung, S. 20 und der Kette aus Silber und Perldraht, *city* S.19; oder zwischen den Knoten und Verdichtungen der Tuschzeichnung, S. 34 und den lackierten Ohrringen aus Silber, S. 35; oder unter den Zeichnungen einer Reihe, S. 56–59. Es versteht sich, dass daraus keine eindeutigen Zuordnungen hervorgehen können. Es sind flüchtige Eindrücke, die dem Blick gleichsam eingeflüstert werden von der durchaus beliebigen Abfolge, in denen die Bilder aufgenommen werden.

Das blinkende Spiel der blitzartig auftauchenden Affinitäten der Form inmitten eines das Auge verzaubernden Reichtums an Mitteln, Materialien, Bewegungen kommt aber in einzelnen Arbeiten gleichsam zum Stehen und erreicht dort die Ruhe einer kristallinen Hybridität. So erkennt man etwa im Ring, S. 10, im Ohrschmuck, S. 22, in den Anhängern, *icetraces,* S. 54 und *fred,* S. 55; oder in den Broschen, *bananaboat,* S. 26, *out-of-the-blue,* S. 27, *windjammer,* S. 28, *takeover,* S. 37 – um nur einige wenige Beispiele herauszugreifen – Schmuck gewordene skulpturale Zeichnungen: *tragbare Zeichnungen*, die sich gleichsam von der Papieroberfläche emanzipiert haben, um sich mit der Oberfläche eines schmucktragenden Körpers zu verbinden, ohne aber damit erneut zu verschmelzen oder sich darin tattooartig einzuschreiben.

So wandert der Zwischenraum aus dem seriellen Umfeld ins Herz des einzelnen Schmuckstücks und artikuliert sich dort als ein intermedialer Raum zwischen Zeichnung, Skulptur und Schmuck, um sich schließlich, im Augenblick des Tragens, als den Unterschied zwischen einer Schmuck gewordenen dreidimensionalen Zeichnung und einem geschmückten Körper zu manifestieren.

1 Siehe hierzu die erhellenden Ausführungen von Beat Wyss, „Das Gold des Entwerfens" in Ellen Maurer Zilioli (Hg), Private Confessions. Zeichnung und Schmuck, Stuttgart 2016, S. 38–44.

Pravu Mazumdar

The Interstitial Space
Some Remarks on the Twofold Art of Doris Betz

1. Is a work of art more art or more a work? There is no doubt that a work, which is not yet art, can take up its position in the world of things in an easy and peaceful manner. Despite its humble mode of being as a thing meant to serve humanity through the technical enhancement of human life, it retains independence enough to stop functioning from time to time, to break down once in a while and to let itself ungrudgingly be replaced. In its existential frailty, the work behaves like a thing. Just like a dog remains an animal and can die, even though it has been trained to be at the beck and call of humans. A work, which is not art, does not lay any claim to eternity.
However, a thing that is not immediately useful, *has two different options. It can either stop short at the threshold of the artefact, like a rock, a tree, a star, or go beyond the artefact to acquire a new type of value beyond all use value, allowing it a right to duration and to protection from the natural decay of things. Whenever a thing positions itself beyond the artefact, it tightens up within its limits, establishes its ground in* opposition *to other things and wards off any danger of being intruded into by the world. In the neighbourhood of a work of art, one senses a threshold of tension, as if it were covered by a* skin.

2. The work of art owes its protective skin to a constellation of spaces, temperatures, lighting, gazes, discourses, constituting in their entirety the museum. *Whenever a thing is more art than a work, there are these rituals of* museumization *closing in upon it, tending to isolate and protect it against time, and yet incapable of stopping it from transgressing the limits of its own site to communicate with other things. For on the one hand it communicates with the world outside: the walls, pillars, ceiling, distribution of light, the bodies of art enthusiasts hustling about and those of the art guards monitoring them, the alarm system about to be triggered off at any moment of time, and of course the entry tickets. On the other hand, the work of art can start out from its own visual content and communicate with the things in general, as a black square with all that is square and all that is black. But the moment there is the tiniest shift in any of these things, the entire tissue of relations, in which the work of art is embedded, gets transformed and, along with it, our perception as well as the work of art itself, which vibrates with its ontological environment and becomes fluid with it. Seen from this point of view, the work of art manifests neither an* essence *nor a* nucleus *any longer, even though it retains a perceivable aura of uniqueness, issuing from the* interstitial space *between the work of art and the things at large.*

3. A different type of interstitial space issues from the serialization of different works of art in different combinations, as long as these are exhibited within the same physical space and the same span of time. For such a case, the sum of all the interstitial spaces at play would neither be the physical exhibition space nor the space between the covers of a book containing images of the works, but, mathematically speaking, the sum-total of the spaces of interaction of the visual contents of all individual exhibits. The serial architecture of such spaces yields constellations, in which the 'luminosity' of each individual work is in a sense predetermined.
It is in the context of such a logic, that Doris Betz presents her twofold world of graphic art and jewellery: not merely as an aggregate of heterogeneous objects, but, also as series of the intermediate spaces, in which the exhibits can interact, but without a hierarchy – like that between a 'sketch' and its 'execution' – surfacing between them. Such intermediate spaces neutralize two age-old practices of devaluation that emerged during the European Renaissance. One of these practices consists in degrading the art of drawing to the 'mere' act of sketching, taken as a preparatory stage

towards the realisation of a pre-planned work of art. Such an act reveals a modern dispositive of action, regulating all pre-meditated intervention in the affairs of the world. The second practice of devaluation consists in the systematic reduction of the status of jewellery since the Renaissance to that of a mere accessory or decoration.[1]

4. The twofold art of Doris Betz tends to engender in the viewer a twofold gaze, which no longer projects the unity of an artistic consciousness functioning to connect the exhibited works, but tracks down the dynamics of their differences. This implies a shift in perspective. The drawings are no longer perceived as a sketchy precursor of the rings, brooches, necklaces to follow. The co-existence of drawing and jewellery is no longer deciphered as an invitation to the workshop of an artist. Instead, one senses the necessity of connecting the twofold work to two distinct and independent artistic processes, rather than subordinating the one to the other, the drawings to the jewellery work. The dual work can thus be seen as resulting from the aleatoric process of a repeatedly tossed dice, documented once in the movement of the lines in the drawings and once in the jewellery objects that issue as the outcome of a sculptural encounter with a material.
From time to time, however, a common style of movement can be discerned between the graphic works on the one hand and the twisted, soldered, beaded works on the other – instead of the traditionally expected unity of a consciousness in the mode of planning. Examples for these are the drawing, p. 30, and the rings, p. 31; or the ink drawing, p. 20, and the chain of silver and pearl wire city, p. 19; or the knots and densities in the ink drawing, p. 34, and the lacquered ear-rings made of silver, p. 35; or the series of drawings, pp. 56-59. It is clear that such correspondences cannot be seen as objective or unequivocal. They result merely from the fleeting impressions prompted by the chance succession, in which the images are perceived. However, the play of sudden affinities of form amidst a veritable wealth of techniques, materials, movements, can also stop short within the limits of an individual piece and attain the quiet of a crystalline hybridity. In pieces like the ring, p. 10; the earring, p. 22; the pendants icetraces, p. 54 or fred, p. 55; or the brooches bananaboat, p. 26, out-of-the-blue, p. 27, windjammer, p. 28, takeover, p. 37 – to name only a few – one perceives something like sculptural drawings turned into jewellery: wearable graphics, emancipated as it were from a paper surface, to settle down on the body of a wearer, but without merging with it or being inscribed into it in the manner of a tattoo.
The interstitial space thus moves from the serial environment of the exhibits right into the heart of the individual jewellery piece, to articulate itself as an inter-medial space between drawing, sculpture and jewellery and finally manifest itself, as it is worn, as the difference between a three-dimensional drawing turned into jewellery and an ornamented body.

1 See the clarifying remarks of Beat Wyss, „Das Gold des Entwerfens" in Ellen Maurer Zilioli (ed.), Private Confessions. Zeichnung und Schmuck, Stuttgart 2016, pp. 38–44.

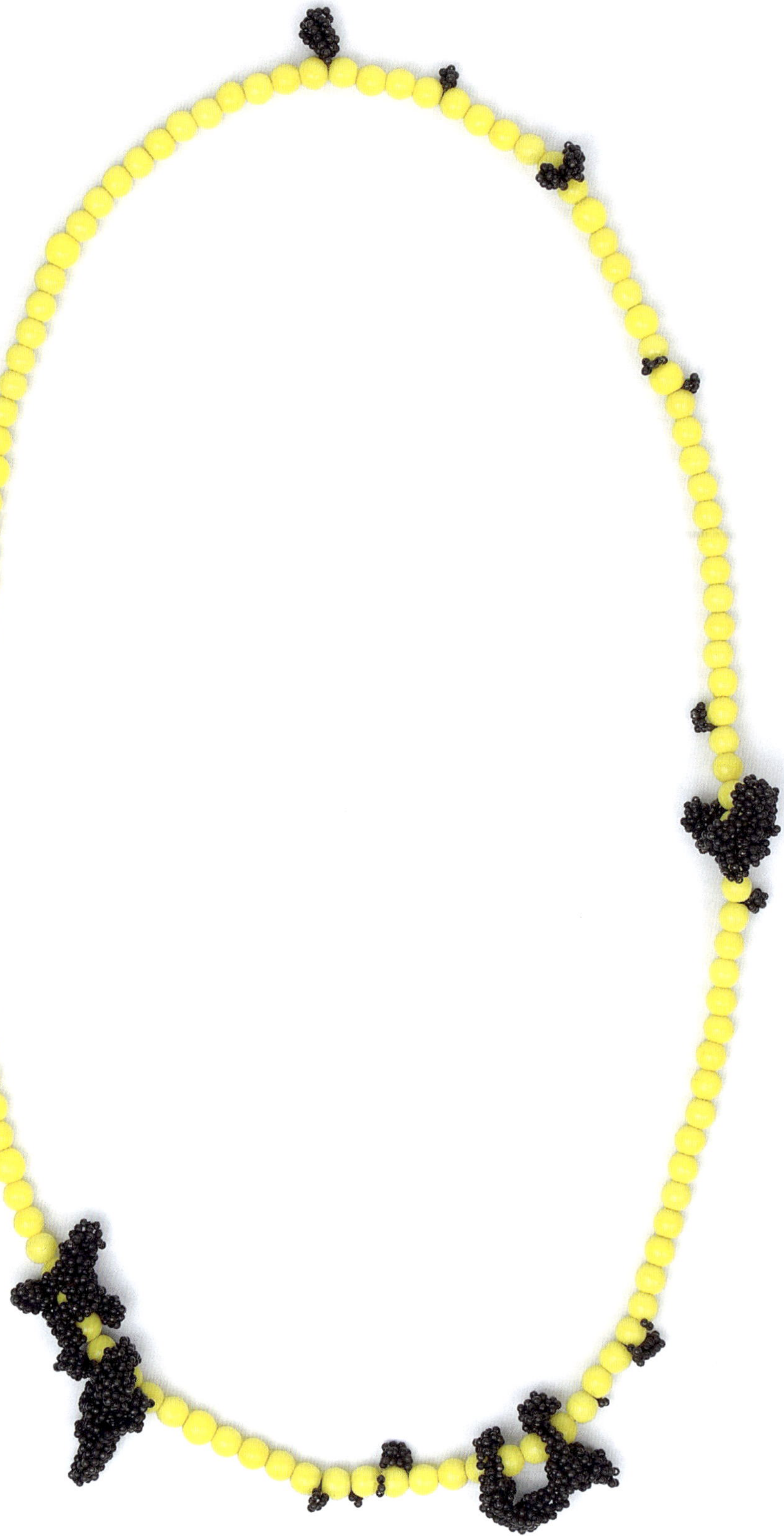

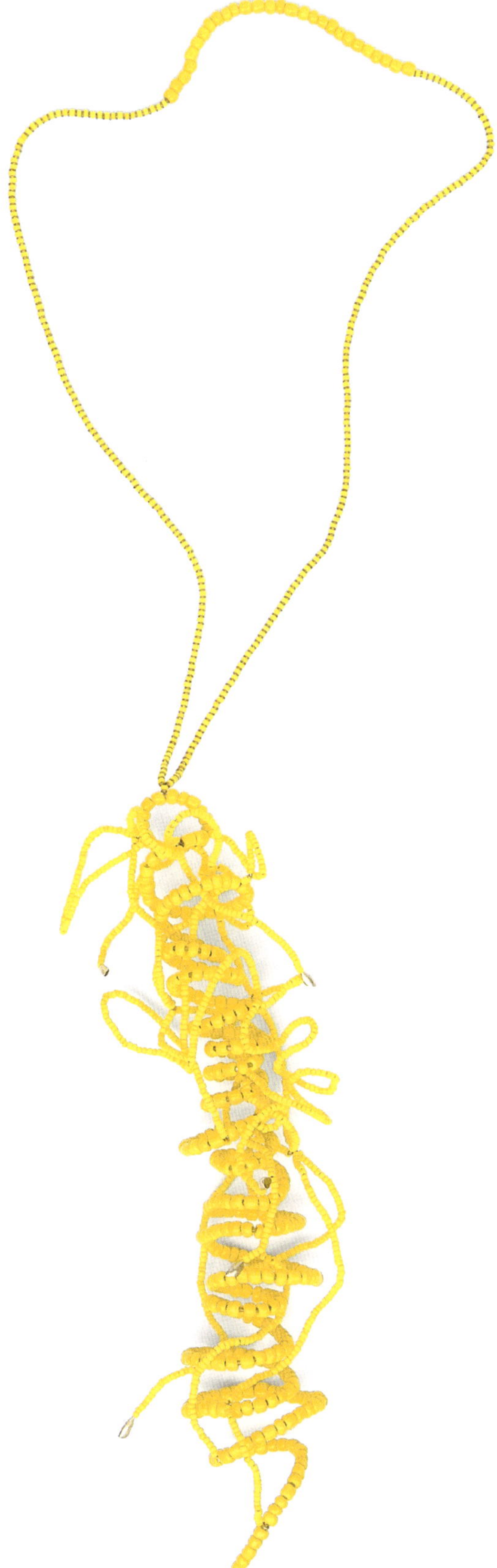

 YELLOW CREATURE Anhänger | *pendant* 2012

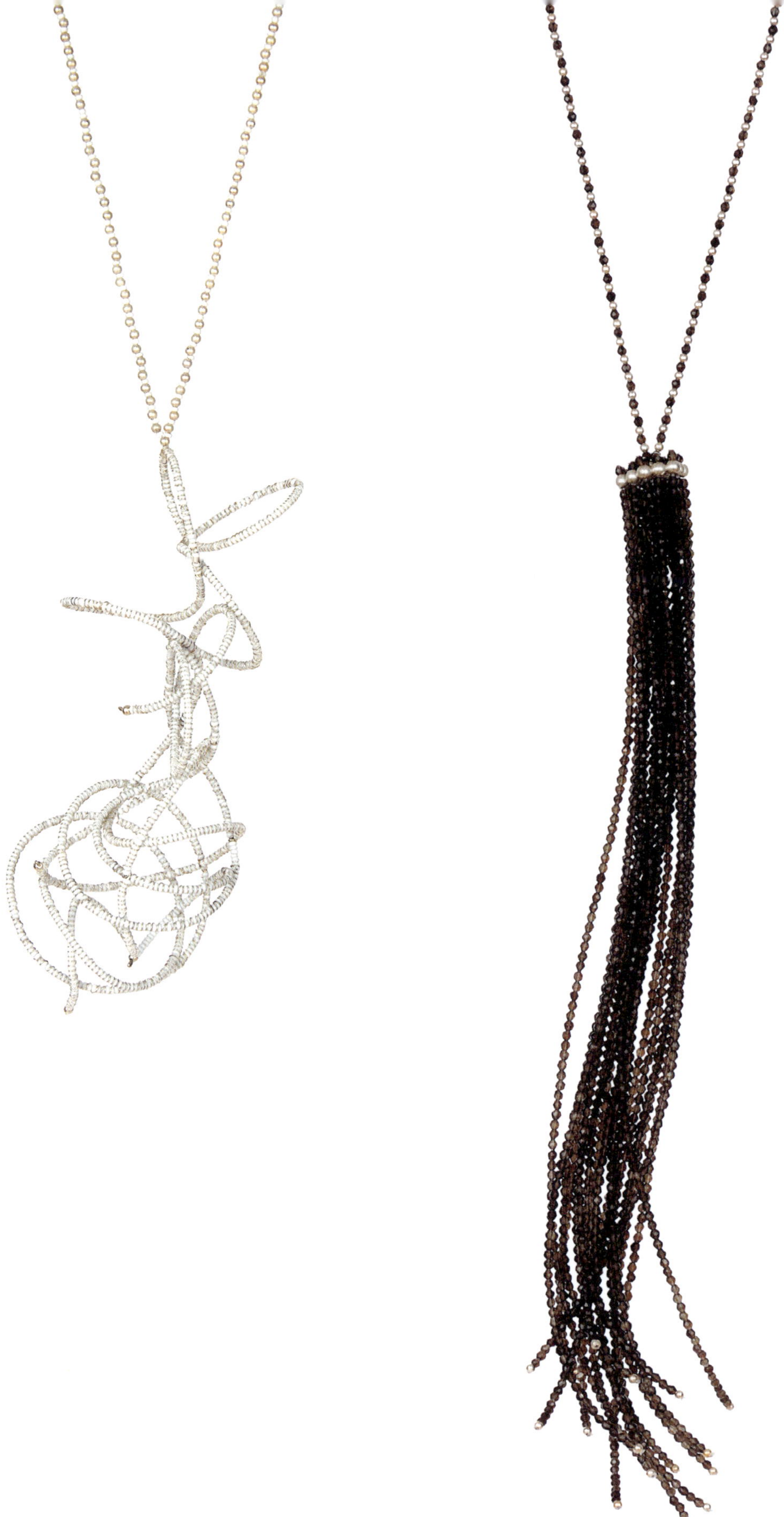

ICETRACES, ROUNDABOUT Anhänger | *pendants* 2013

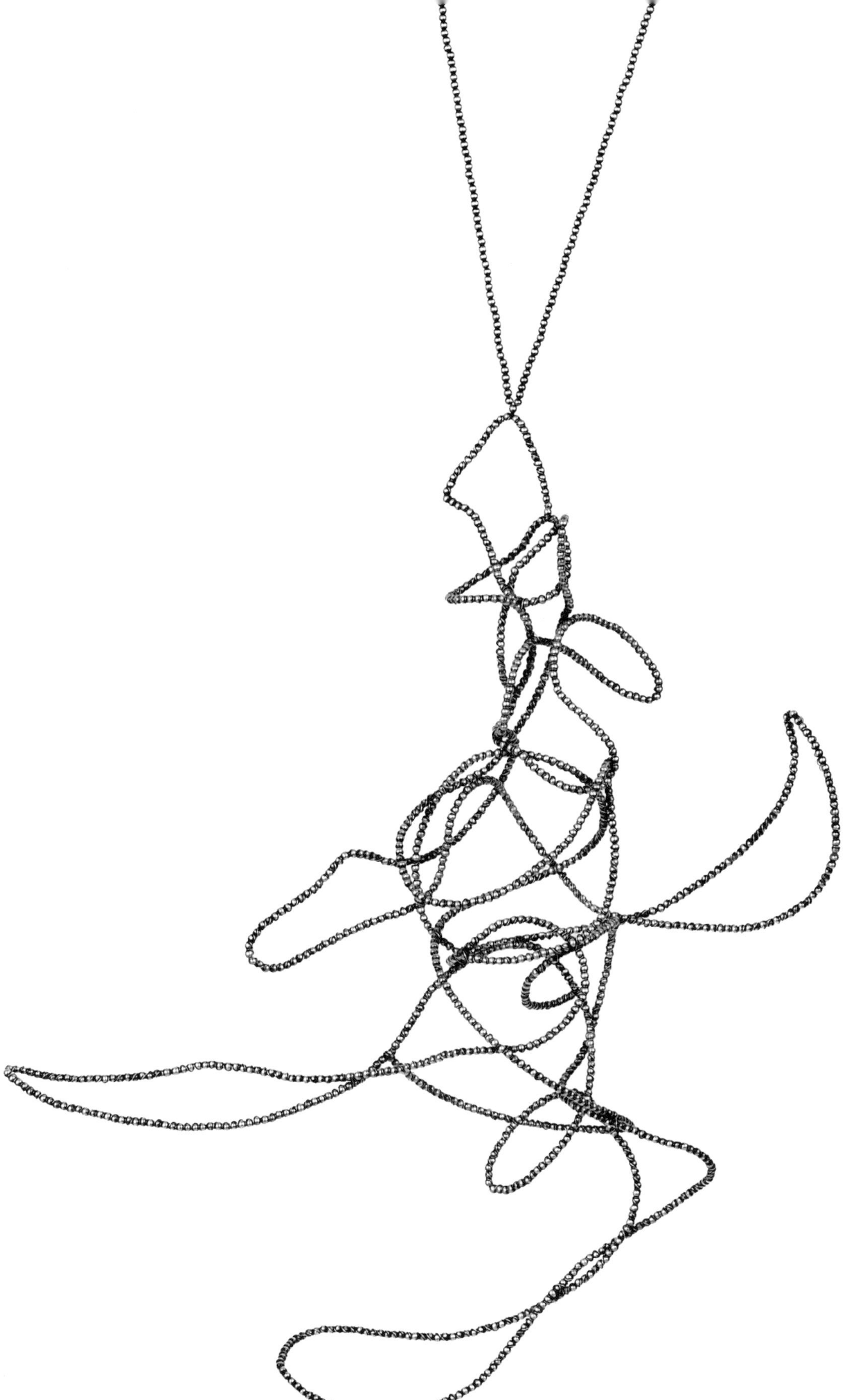

FRED Anhänger | *pendant* 2013

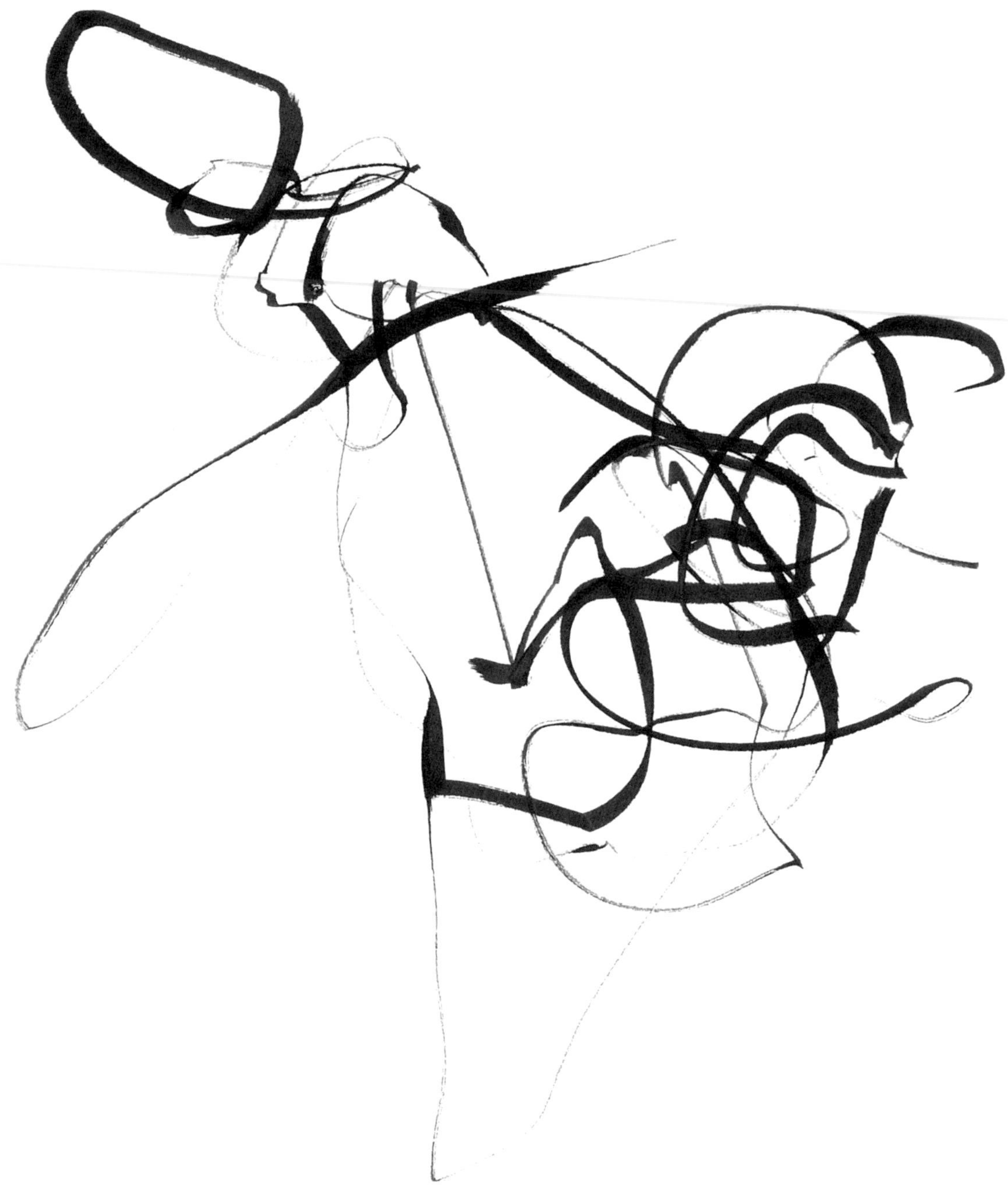

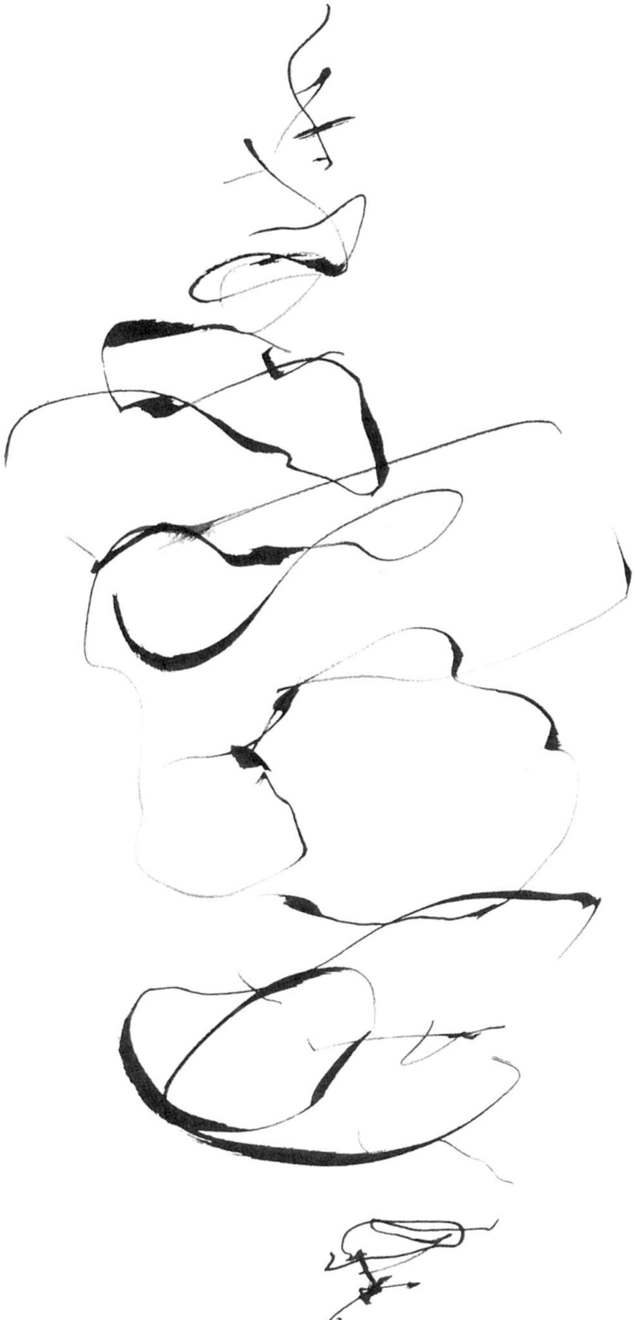

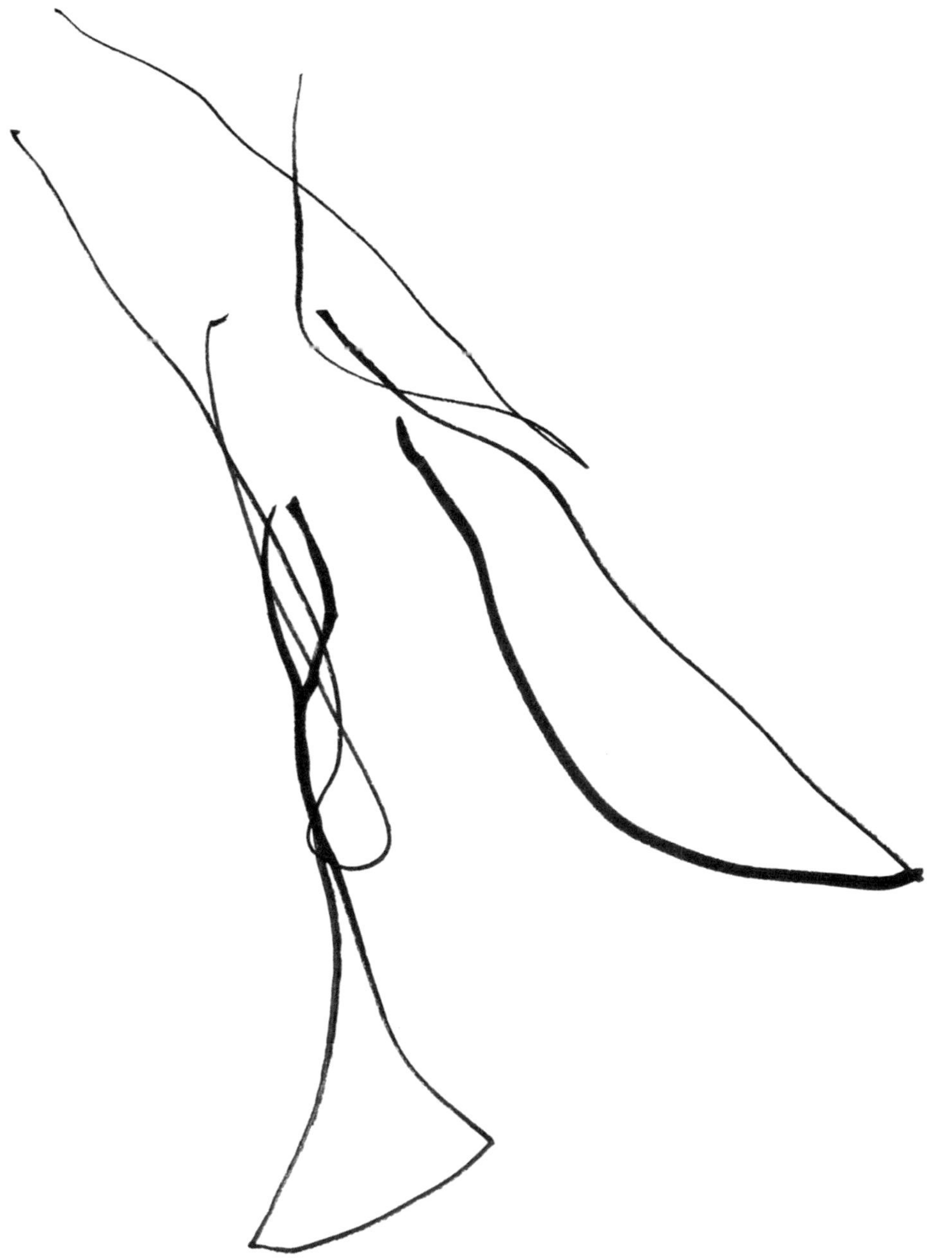

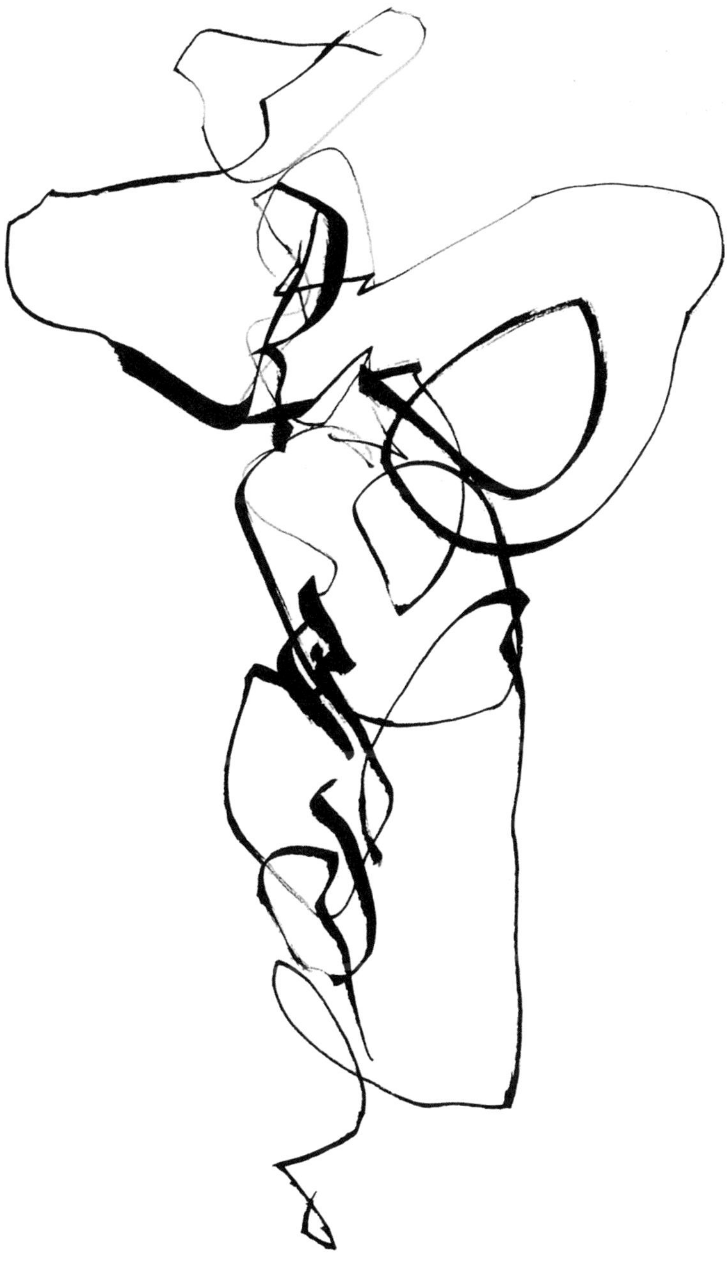

 Zeichnung | *drawing* 2012

Ira Mazzoni

Die Freiheit der Linie oder Die Kunst, dem Zufall Raum zu geben

Seit rund zwanzig Jahren kultiviert Doris Betz spielerisch den Zufall, um mit Ihrer Kunst „dorthin zu kommen, wo noch niemand war". Mit verschiedenen Spielanordnungen fordert sie das Unplanbare und Undenkbare heraus. Die Künstlerin liebt die Überraschung und gibt die kindliche Freude darüber an diejenigen weiter, die ihre wundersamen, virtuosen Gebilde für sich entdecken und tragen. Denn bei allem Experimentieren mit dem Zufall – das Ziel des ernsten, einsamen Spiels ist immer ein einzigartiges Stück Schmuckkunst, sei es Armreif, Brosche oder Kette. Wobei diese Worte schon viel zu profan sind für die poetischen Fantasien, die Doris Betz ihren erstaunlichen Findungen mit Mutwillen und handwerklicher Raffinesse entlockt.

Drahtfeine Handzeichnungen bahnten Doris Betz den Weg in die freie Kunst des Unerwarteten. Die junge Künstlerin nahm den Stift in die Hand, schloss die Augen und ließ die Hand frei über das Papier kreisen. Im glücklichen Fall ließen sich die zarten bis störrischen Linienknäule mit Draht nachzeichnen, wobei Materialwahl und Bearbeitung zu weiteren, im wahrsten Sinne des Wortes spannenden Überraschungen in der dritten Dimension führten. So fand Doris Betz mit dem blind schnell und gedankenlos gezeichneten dünnen Strich ihren roten Faden aus dem Labyrinth konzeptioneller Vorverfasstheit in eine künstlerische Freiheit, die sich initial dem Zufall verdankt.

Der freien Linie vitaler Arabesken ist Doris Betz über all die Jahre treu geblieben, auch wenn sie eine Zeit lang auf spontane Vorzeichnungen bewusst verzichtete, um die Unmittelbarkeit in den mutwillig zufallsorientierten Werkprozess zu verlagern. Ihre Kunst ist räumliche, körperbezogene Zeichenkunst, egal ob sie mit Hostaglas oder mit Silber experimentiert. Ihr Ausgangsmaterial ist in der Regel drahtfein, allenfalls streifenbreit. Größere Flächen findet man kaum. Aus der Tradition der Romantik kommend, fundierte Paul Klee einst seine feine Zeichenkunst mit der Bemerkung, die Linie sei Gedanke, Mittler zwischen sichtbarer und unsichtbarer Welt, eine „erste bewegliche Tat" und somit Schöpfungsgleichnis. Und so ist man versucht, Doris Betz' zeichenhafte Gebilde auch als Schöpfungsgleichnisse oder Chiffren des Kreatürlichen zu interpretieren, zumal sie die Dynamik ihrer Entstehung sichtbar in sich tragen.

Wer das Glück hat, Doris Betz kennenzulernen und ihre Werkstatt in einem wundersam einfachen Münchner Haus zu betreten, fühlt sich auf eine Insel versetzt, die so gar nicht von dieser Welt ist. Die Gesetze der Zeit, der Wirtschaft und der Moden scheinen aufgehoben. Der neugierige Besucher trifft auf eine hochgewachsene Frau mit unprätentiösem Pagenschnitt, die ganz und gar gefasst und klar wirkt und so gar nicht den Erwartungen entspricht, die man mit einer Künstlerpersönlichkeit verbindet, die dem Spiel und dem Zufall so viel Raum gibt. Doch wenn Doris Betz ihre Wunderkammer öffnet, wenn sie einen an dem Staunen über die Vielfalt von Naturformen teilhaben lässt, die sie seit der Studentenzeit in grauen Archivschachteln sammelt, dann springt der Funke des Entdeckens und Findens über. Da finden sich getrocknete Algen, verholzte Halme, die aus Stabelementen zusammengesteckt scheinen, aufgesprungene Samenkapseln, Knoblauch-Strünke und auch Amorphes, das angeblich ein Haifischei sein soll. Etwas verlegen entschuldigt sich die Künstlerin dafür, dass die Dinge schon etwas mitgenommen aussehen, weil sie sie zu diversen Studenten-Workshops mitgenommen hat. Es gibt wohl keine bessere Kunstschule als die Natur selbst: Die Vielfalt der Formen, der Texturen und Farben dieser Fundsachen ermutigt neue Möglichkeiten zu (er)finden ohne nachzubilden. Dass man solch neue, noch ungesehene Dinge bei aller Hingabe nicht willentlich erzwingen kann, gehört zu den Grundeinsichten der Künstlerin, die klug den Zufall als Geburtshelfer ihrer Schöpfungen wählte. C. G. Jung sagt: „Der kreative Geist spielt mit den Objekten, die er liebt", Neues entstehe nur aus dem Spielinstinkt, der „aus innerer Notwendigkeit" agiere. Dieses Diktum hat Doris Betz immer den Rücken gestärkt, wenn sie ihre Methoden des Spiels und den Zufall als Mittel der Kunst verteidigen musste. Dabei hat der Zufall in der Ästhetik der Avantgarden seit der Romantik immer wieder eine zentrale Rolle gespielt.

Schublade um Schublade entlockt die Künstlerin einem alten, abgewetzten Stahlschrank die ihr noch verbliebenen schillernden, quirligen, verschlungenen, spannungsgeladenen, energischen Findungen der letzten Jahre. Indem sie ihre Strategien erklärt, unkontrollierbare Werkprozesse zu initiieren, werden die Hände lebendig, fliegen wie große Vögel ruhig auf, beschreiben elegante Kreise und kommen wieder konzentriert zur Sache zurück. Diese Gestik, diese großzügige Weitschweifigkeit scheint allen Arbeiten eingeschrieben. Insofern gibt es – so ausgefallen die Experimente sind – eine unverwechselbare, strömende Handschrift, mit der die Künstlerin sich den Zufall aneignet; ihn an einem bestimmten Punkt aufmerksam kontrolliert in ihr erstaunliches Oeuvre einfließen lässt.

Um dahin zu kommen, wo vor ihr keiner war, um des Ungesehen und Unvorhersehbaren willen ist Doris Betz an die Grenzen ihrer Materialien gegangen. Sie hat alles ausprobiert, was ein klassischer, handwerklicher Goldschmied nie tun würde. So spontan wie ihre linearen Zeichnungen sollte auch der Werkprozess werden. Die Energie und die Dynamik der Bearbeitung sollten den Stücken immanent werden. Dafür quetschte, drehte, zog, faltete und entfaltete sie das Silber in unendlichen Prozeduren und schaute interessiert zu, was geschah. Manchmal griff sie in die Schachtel mit alten, nicht ganz verworfenen Stücken, trieb die Hohlkörper durch die Presse, bis sie platzten, und erhielt überraschende Schmetterlingsgebilde, deren Flügel durchscheinend und von Oxidationsschlieren gezeichnet fast lebendig erscheinen. Auf eine lange Nadel montiert, ergaben sich so auffallend poetische Broschen.

Zu den Spielen mit dem Zufall gehörte auch, die bisweilen höchst gewaltsam erzeugten Findungen zu artifiziell verknäulten Broschen oder algenschwarzfließenden Ketten zu fügen. Die Kunst des Zufalls entpuppt sich so als ausdauernde, harte, zeitfressende Try-and-error-Arbeit, die zu einem unglaublichen handwerklichen Erfahrungsschatz geführt hat, der stetig erweitert wird.

Zu den jüngsten Findungen von Doris Betz zählen Endlos-Ketten, für die sie zig-Meter dünnen Silberdrahts walzt, wickelt, quetscht, dreht, entzerrt, staucht, windet. Mit diesem in tagelanger Arbeit erzeugten linearen Rohmaterial zeichnet die Künstlerin nun wieder spannungsvoll bewegliche, eigenwillige und doch anschmiegsame Kompositionen rund um Armgelenke und Hälse von Persönlichkeiten, die sie noch nicht kennt. Persönlichkeiten, die diese kreisenden und mäandernden Kraftlinien erst staunend für sich entdecken müssen.

Doris Betz nimmt eine der Ketten aus der Lade, legt sie um den Hals, dabei strafft sich der Rücken und ihre ohnehin aufrechte Haltung spannt sich weiter. Indem sie vor den geschliffenen Spiegel tritt, um den Sitz der in arabeske Schlingen gelegten Kette zu prüfen, gewinnt das Schmuckstück in der Bewegung ein tänzerisches Eigenleben. Ihre Kunstwerke haben Größe und verleihen Größe, auch wenn sie klein und filigran sind. Obwohl sie sich einer Spielordnung verdanken, sind sie nie verspielt, aber immer poetisch. „Der Dichter betet den Zufall an", notierte Novalis in seiner Allgemeinen Brouillon. „Der Poet braucht Dinge und Worte, wie Tasten, und die ganze Poesie beruht auf tätiger Ideenassoziation – auf selbsttätiger, absichtlicher, idealischer Zufallsproduktion". Insofern ist Doris Betz eine wahre Poetin.

Ihre jüngsten, freien, breitbandig kalligraphischen Zeichnungen deuten eine neue, selbsttätig absichtliche und zugleich idealisch zeitlose Zufallsproduktion an, die einen sicher wieder staunen lässt über das Unvorhersehbare.

Ira Mazzoni

The Unrestrained Line
or The Art of Giving Chance a Chance

For about the last twenty years Doris Betz has been playfully cultivating chance 'to get to where no other has been'. With varying ranges of play she challenges the unplannable and the unattainable. The artist loves the element of surprise and passes on this childlike pleasure to all those who discover and wear her wondrous and virtuoso designs. Yet despite all her experimentation, the aim of this solitary and demure game is to create a unique piece of jewellery, whether it be a bracelet, brooch or necklace – words far too profane for the poetic fantasies that Doris Betz coaxes from her astonishing 'findings' with deliberation and sophisticated craftsmanship.

Wire-fine sketches paved the way into the free art of the unexpected. Taking up a pen, the young artist closed her eyes and let her hand move freely over the page. If lucky, the knot of lines, ranging from the delicate to the obtuse, could be recreated with wire. Often the choice and working of the material led to further, in the true sense of the word, surprising results in the third dimension. With these gestural, blindly drawn, rash thin lines Doris Betz found a leitmotif out of the labyrinth of preconceptional vision into an artistic freedom based on pure chance.

Over the years Doris Betz has stayed loyal to the unrestrained and vital line of the arabesque, even when she consciously gave up her spontaneous preliminary drawings for a period of time in order to shift their immediacy into the process of her decisive chance-oriented work.

Her art is spatial, body-related drawing, whether she experiments with Hostaglas or silver. Her initial material is usually wire-thin or, at the most, narrow strips. Large surfaces don't really come in to play.

Coming from the Romantic tradition Paul Klee once substantiated his art of the thinly drawn line with the comment that line is thought, the intermediary between the visible and the invisible, an 'initial free-floating act' and thus analogous to the act of Creation. So one is tempted to interpret Doris Betz's symbolic forms as acts of creation, or creaturely ciphers visibly carrying the dynamics of their genesis.

The lucky person who gets to know Doris Betz in her atelier, located in a marvellously simple house in Munich, will feel as if he or she has been whisked to an island in another world. The laws of time, commerce and fashion seem to have been suspended. The curious visitor meets a tall woman with an unpretentious pageboy haircut, who appears completely calm and collected, so not what one would expect from an artistic personality so open to games and chance. But when Doris Betz enters her chamber of marvels and when she allows you to participate in the wonder of nature's myriad forms which she has been collecting in grey archive boxes since her student days, then the spark of discovery ignites. There are dried algae, lignified stalks arranged like rods, burst-open seed pods, garlic stalks and also an amorphic form which is apparently a shark's egg. Slightly embarrassed, the artist apologises for the rather used look of her treasures, for they have been travelling with her to diverse student workshops. There is no better school of art than nature itself: the diversity of the forms, textures and colours of these objets trouvés motivate to find new possibilities without copying. That you can't wilfully force such new and still unseen things, no matter how dedicated you are, is the basic insight of an artist who so cleverly chose chance to play midwife at the birth of her creations. C. G. Jung says: 'The creative mind plays with the objects it loves'; something new only emerges from the instinct of play, which in turn acts on an 'inner necessity'. This dictum always bolstered Doris Betz when she had to defend the randomness of her work and its methods, even though since Romanticism the unexpected has repeatedly played a role in the aesthetics of the avant-garde.

Drawer by drawer, the artist elicits from an old worn-out steel locker her remaining shimmering, coiled, convoluted, energy-charged finds of the past years. Whilst explaining the methods which trigger her uncontrolled work processes, her hands come alive, flying up quietly like large birds, drawing elegant circles in the air only to return concentrated to the point in question. This gesticulation, this generous verbosity, appears to be inherent in all her work. There is – as unorthodox as the experiments are – an unmistakeable individual flowing style with which the artist captures chance and with which at a certain point she lets it flow carefully controlled into her astonishing body of work.

To get to where no one before her had been, for the sake of the unseen and unexpected, Doris Betz pushed her materials to the limit. She tried everything that a classic master goldsmith would never do. She wanted her finished products to be as spontaneous as her linear drawings. The energy and dynamics that went into their making were to define each piece. To achieve this, she squashed, rotated, stretched, folded and unfurled the silver in endless procedures and watched with great interest to see what happened. She sometimes reached into the box of old, not entirely cast away pieces, forced them through the press until they burst and achieved surprising butterfly forms, whose wings, translucent and smeared by oxidation, appear to be almost alive. Mounted onto a long pin they became strikingly poetic brooches.

Part of the game of random creation was also to turn the results, sometimes achieved in a highly aggressive way, into tangled brooches or algae-black flowing necklaces. The art of the arbitrary turned out to be lengthy, hard, time-consuming, trial and error work. But it has given her an unbelievable treasure trove of experience which she expands upon continuously.

One of Doris Betz's latest creations are endless chains made of umpteen metres of silver wire, flattened, wrapped, squashed, rotated, unravelled, compressed and coiled. With this lineal raw material, created over days and days of work, the artist draws once again taut but flexible, unequivocal but yielding compositions around the wrists and necks of personalities with whom she still has yet to make acquaintance, who still have to discover with wonder these encircling, meandering linear energy forms.

Doris Betz takes one of the necklaces out of the drawer and puts it on. She straightens her back and her already very good posture becomes even more pronounced. Whilst walking to the finely polished mirror to see how the arabesque-like loops of the necklace lie, the jewellery takes on a dancing life of its own. Even though they are small and filigree, Doris Betz's pieces have a grandiosity that bestows itself on the wearer. Although they are the result of random play, they are never misplayed, are always poetic. 'The poet worships chance', Novalis noted in his Notes for a Romantic Encyclopaedia. *'The poet employs things and words like keys, since the whole of poesy is based on the active association of ideas – on the self-active, purposeful, and idealistic production of chance.' In this respect Doris Betz is a true poet. Her latest, free broad-banded calligraphic drawings suggest a new, automatically intentional and idealistically timeless production of chance, which will make us marvel once again at unpredictability.*

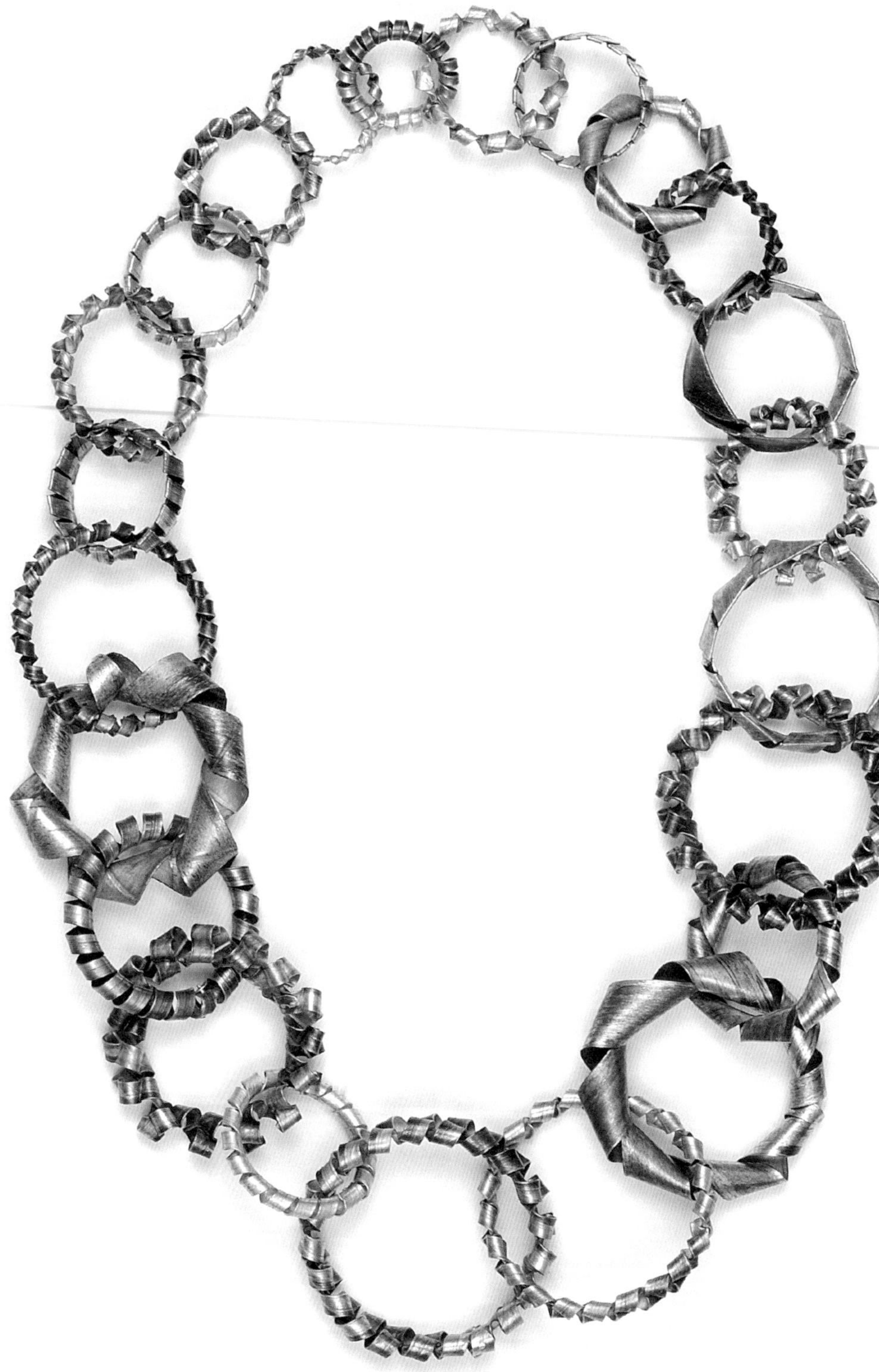

FRIENDS Kette | *necklace* 2015

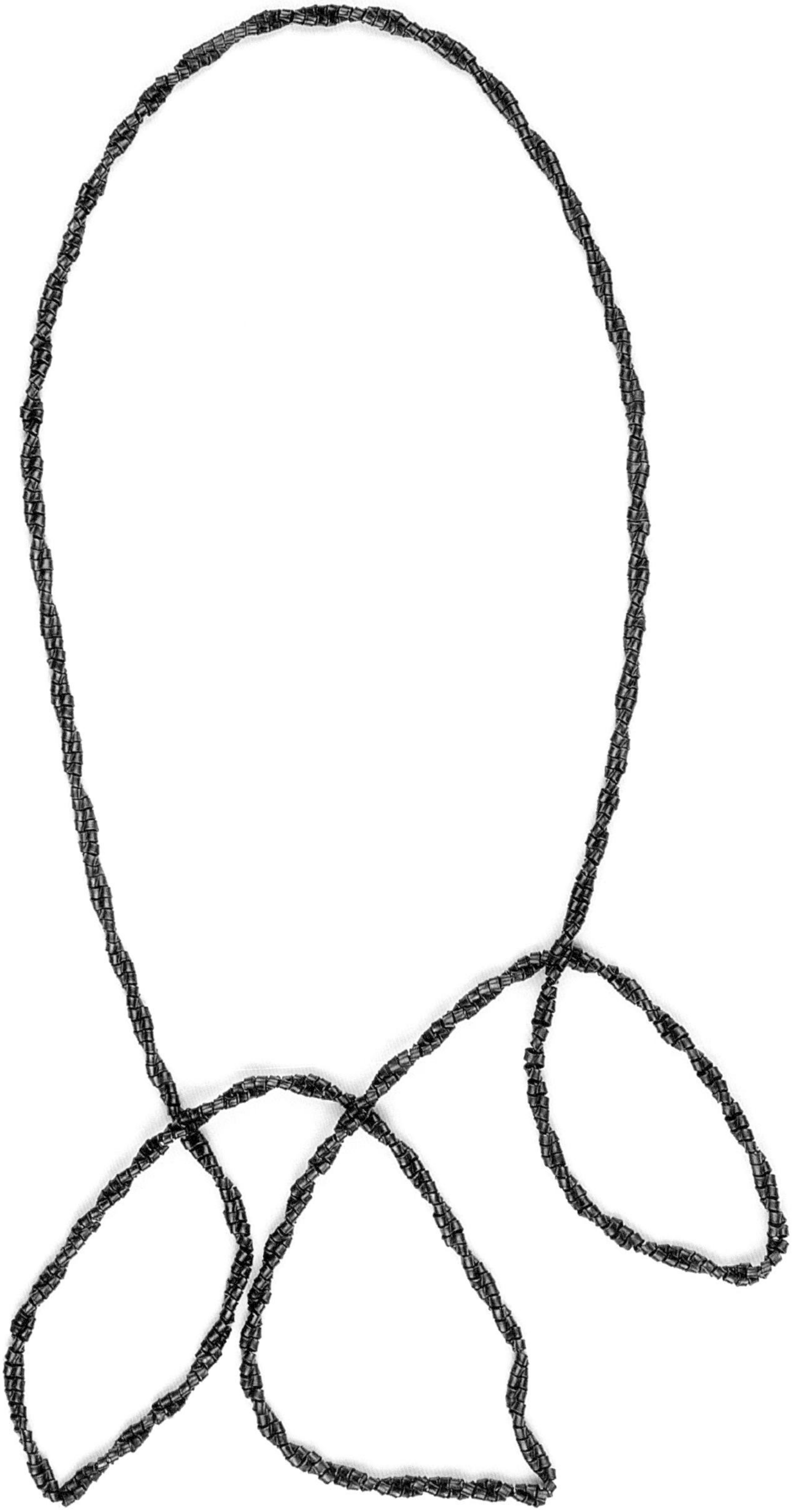

 ONELINE-LEAVES Kette | *necklace* 2015

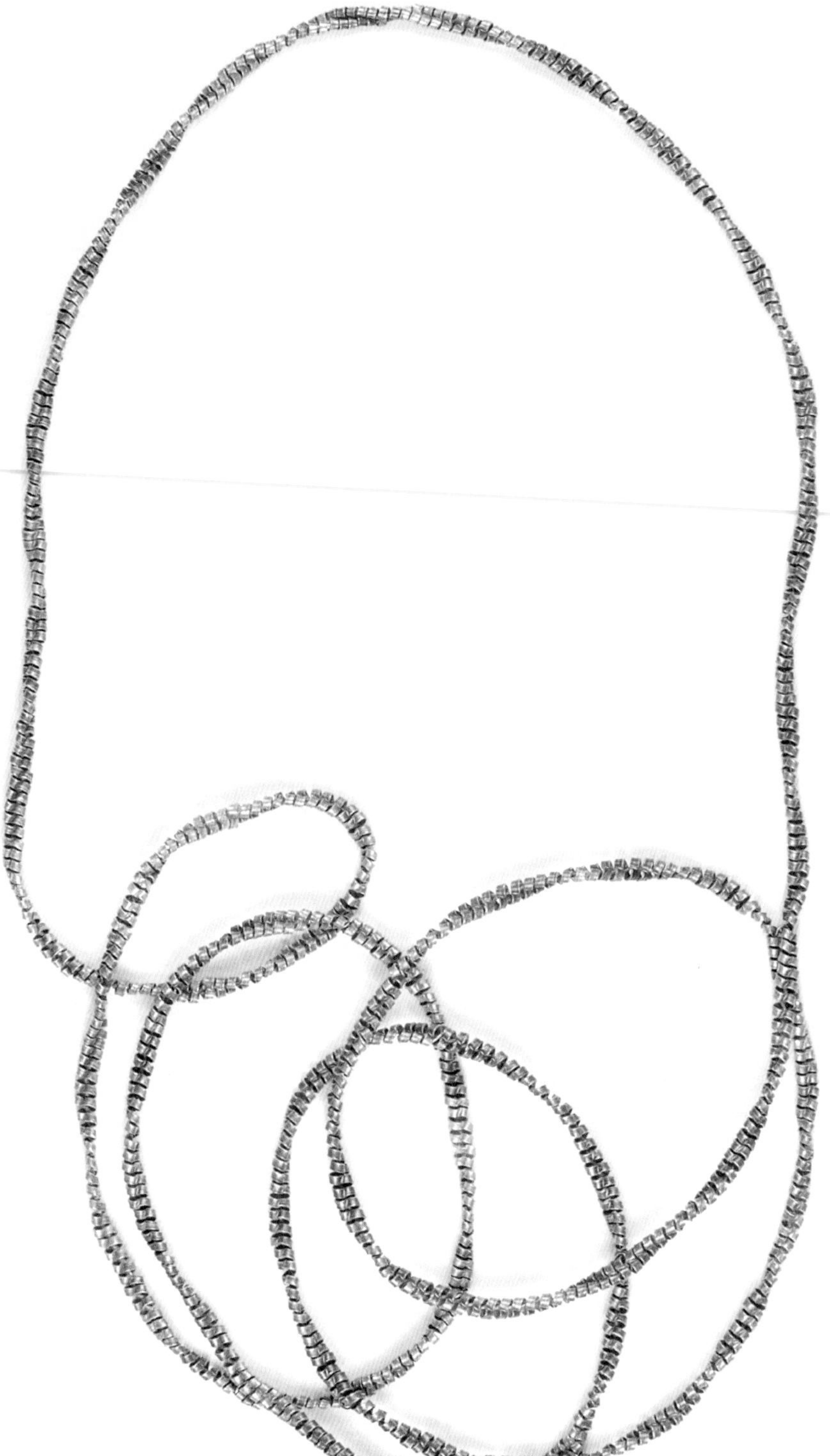

ONELINE-SNAKE-CIRCLE Kette | *necklace* 2015

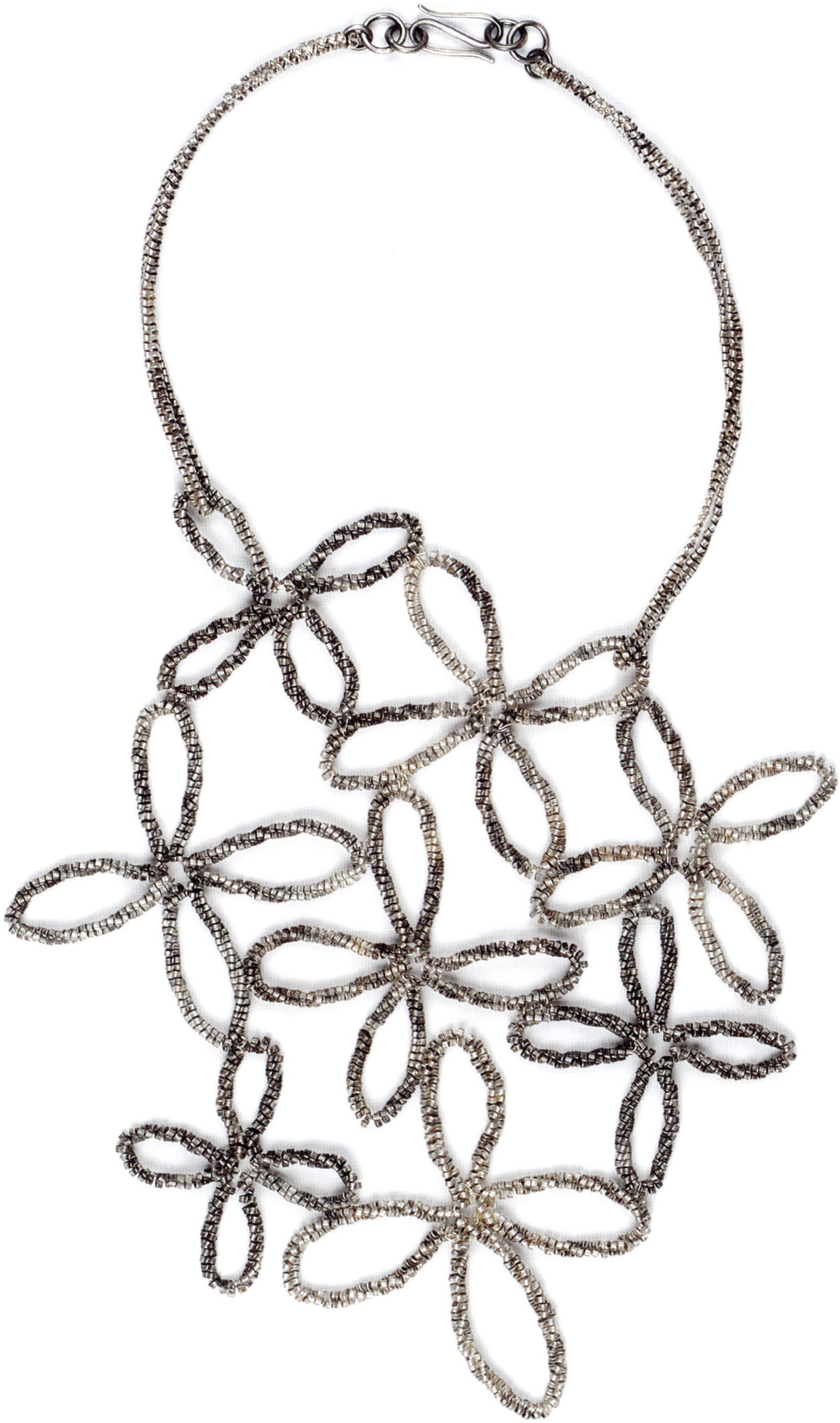

 FLOWER-FIELD Kette | *necklace* 2015

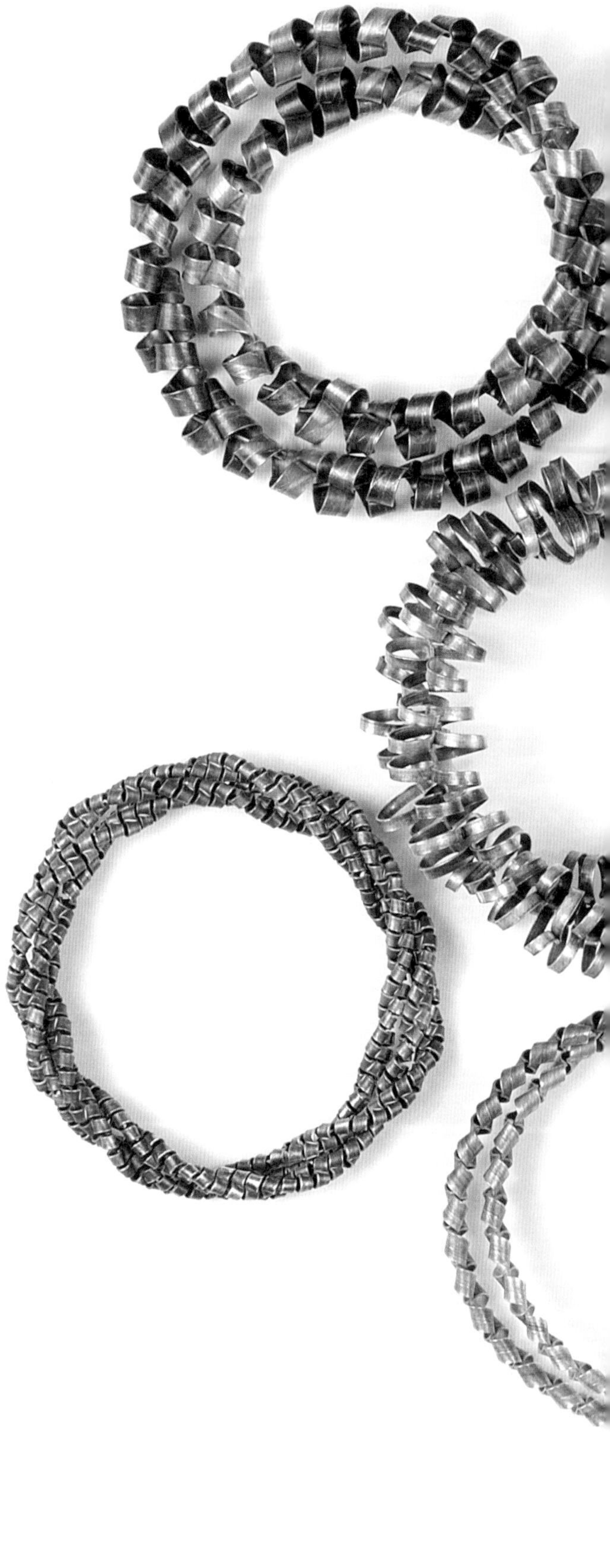

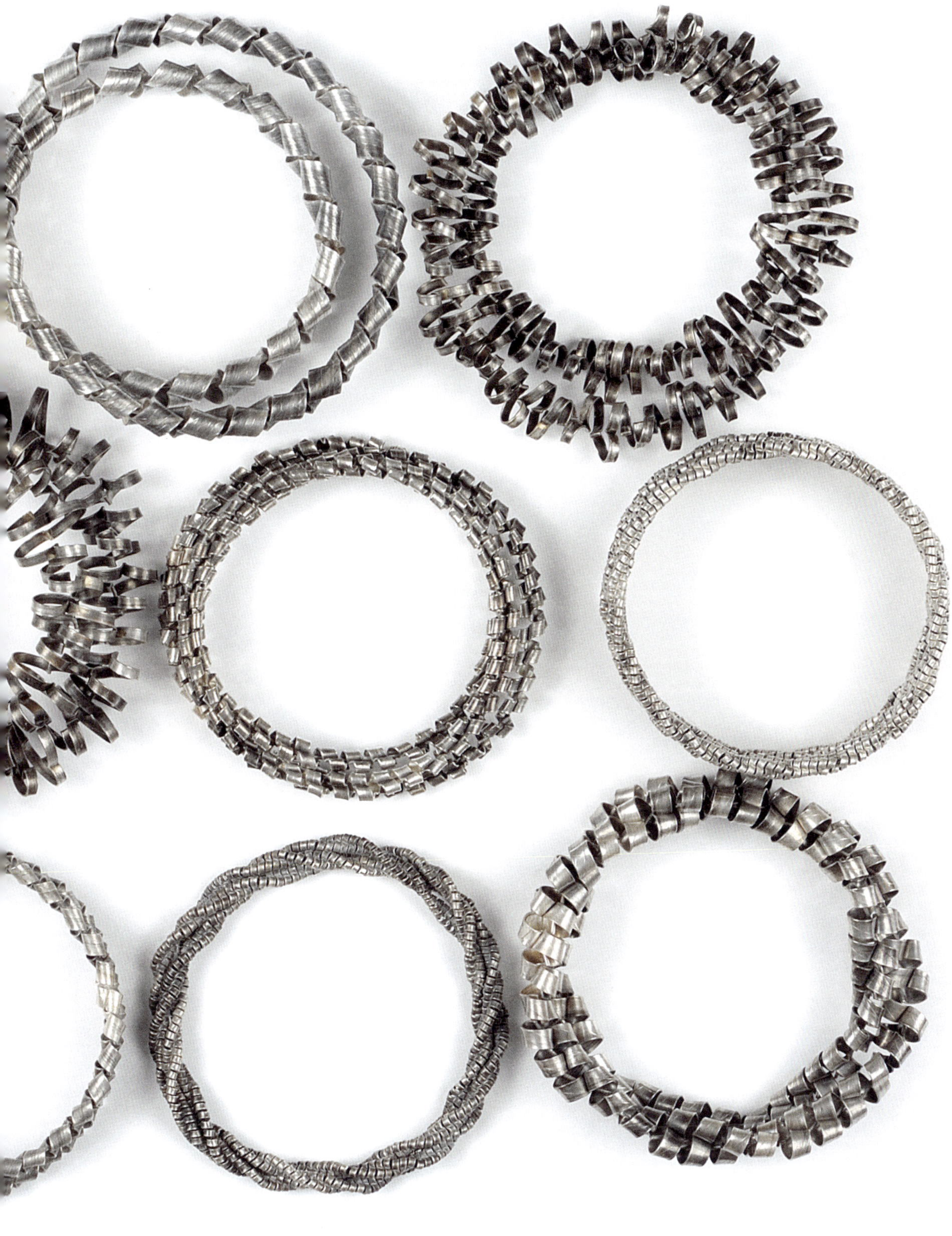

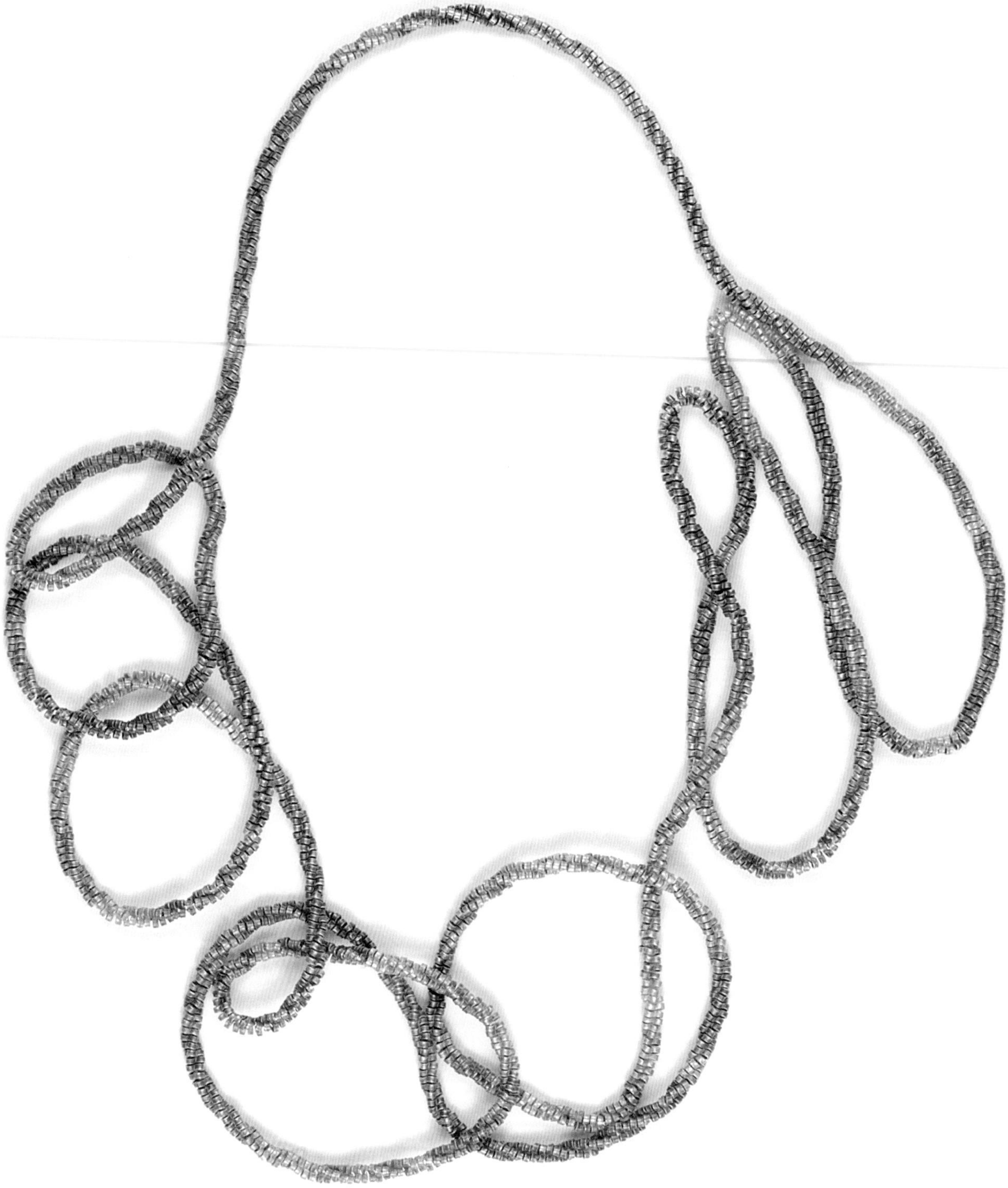

ONE-LINE-GENEROUS Kette | *necklace* 2015

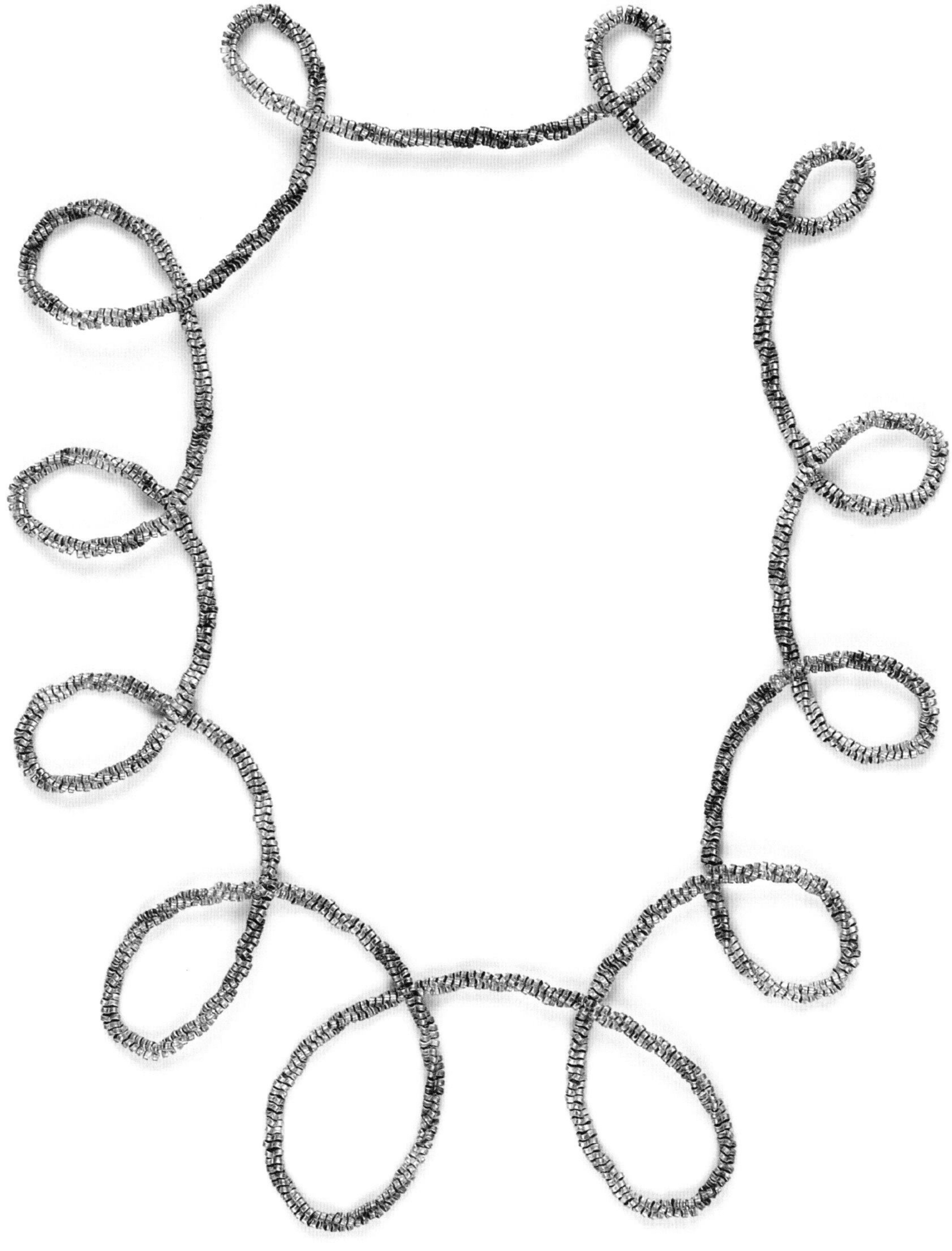

 ONELINE-LOOPS Kette | *necklace* 2015

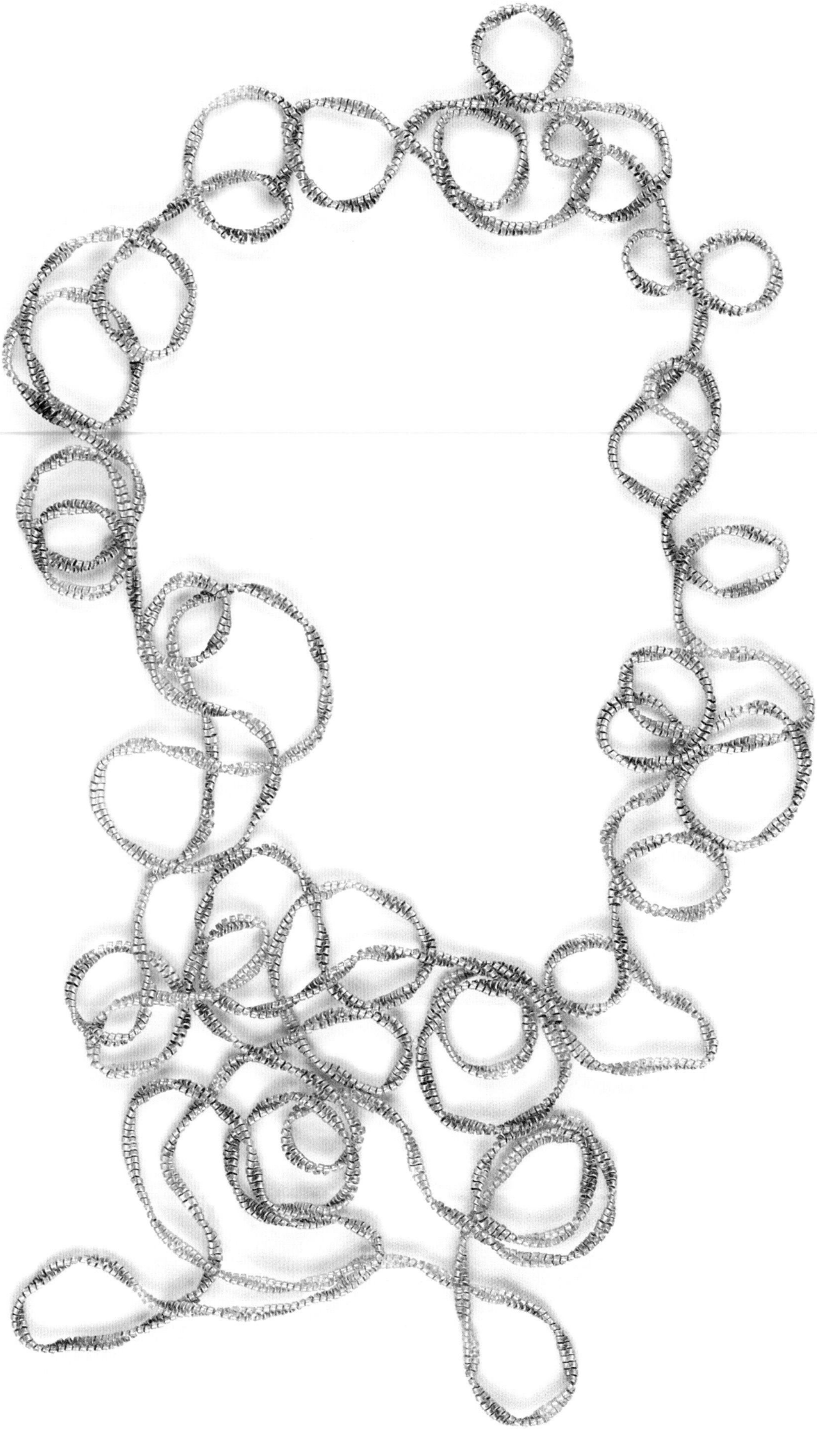

ONE-LINE-QUEEN Kette | *necklace* 2015

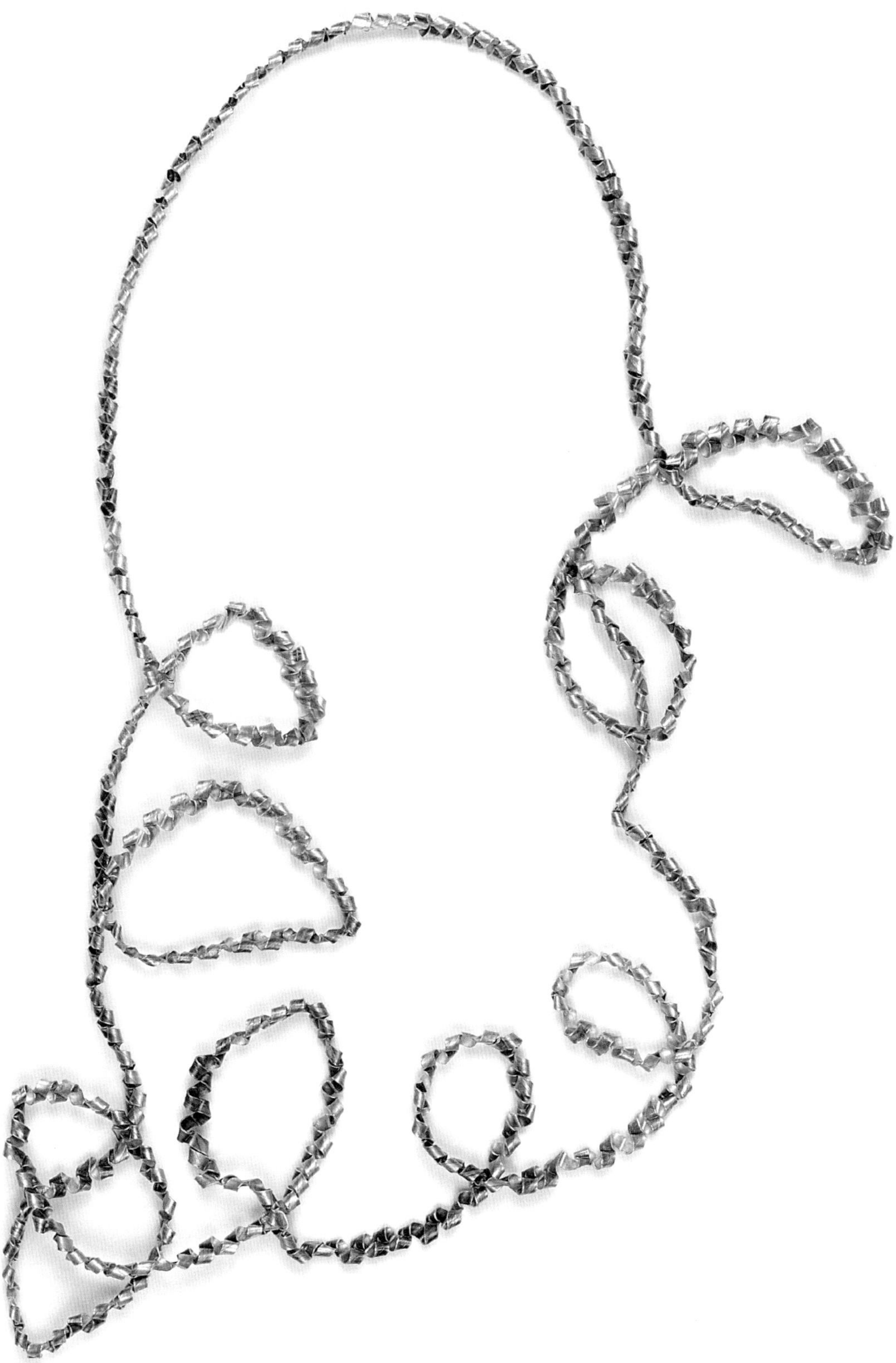

73 ONE-LINE-PRINCE Kette | *necklace* 2015

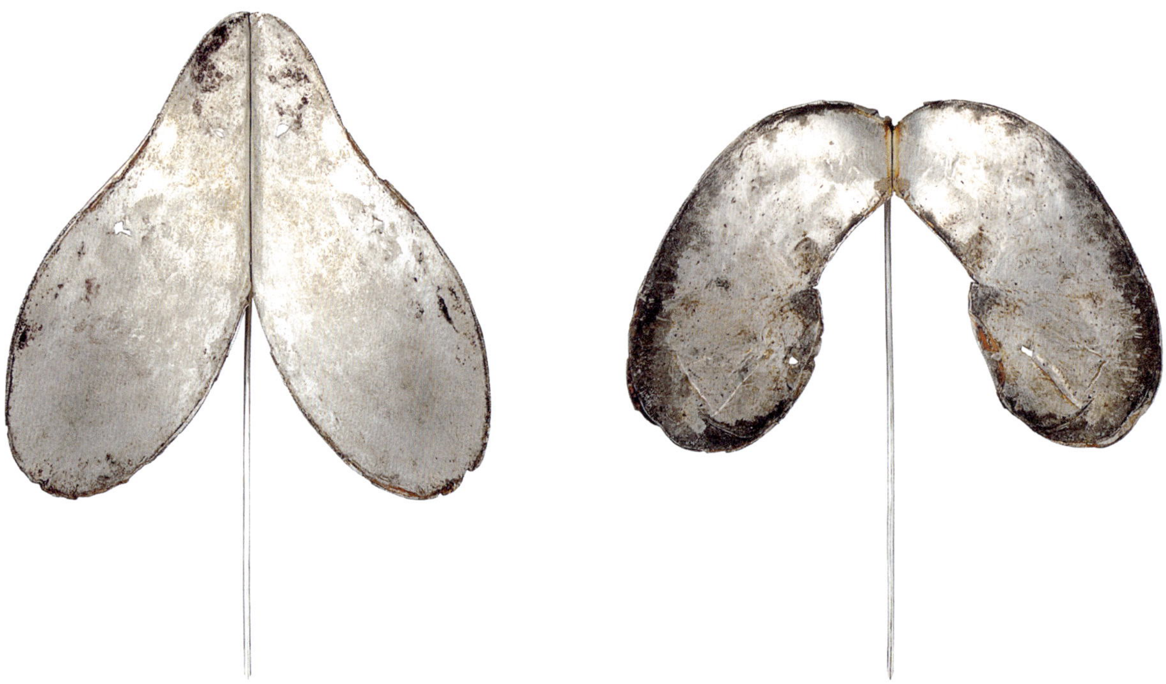

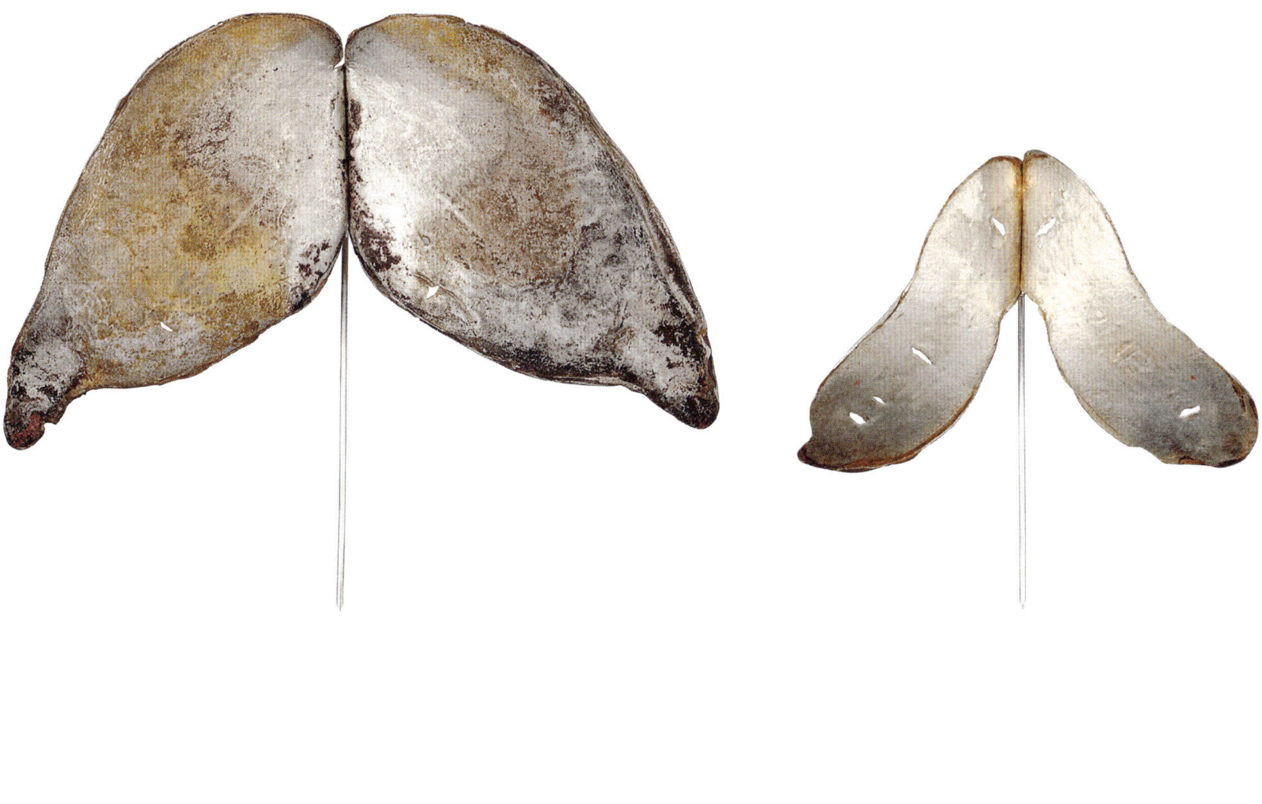

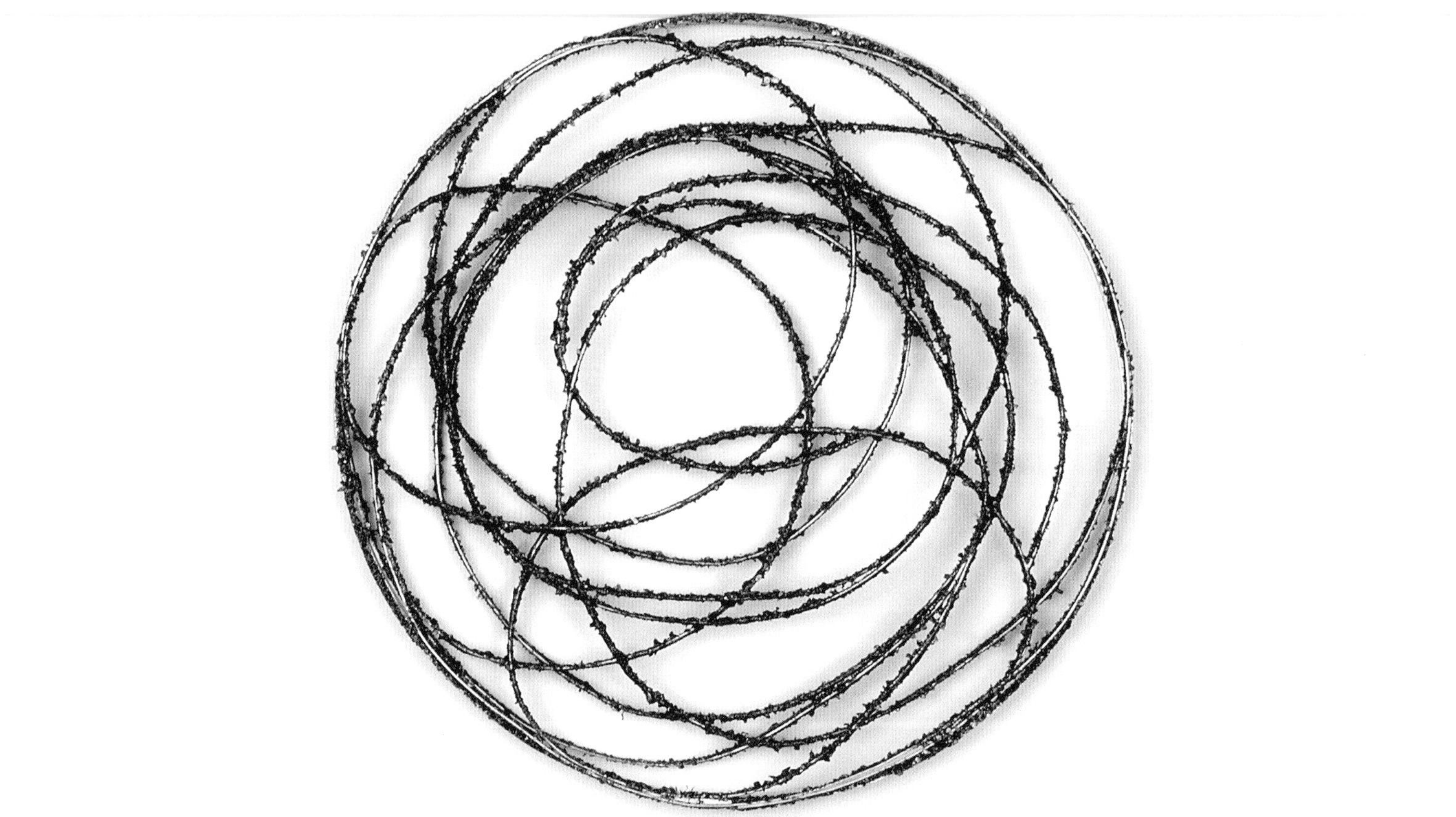

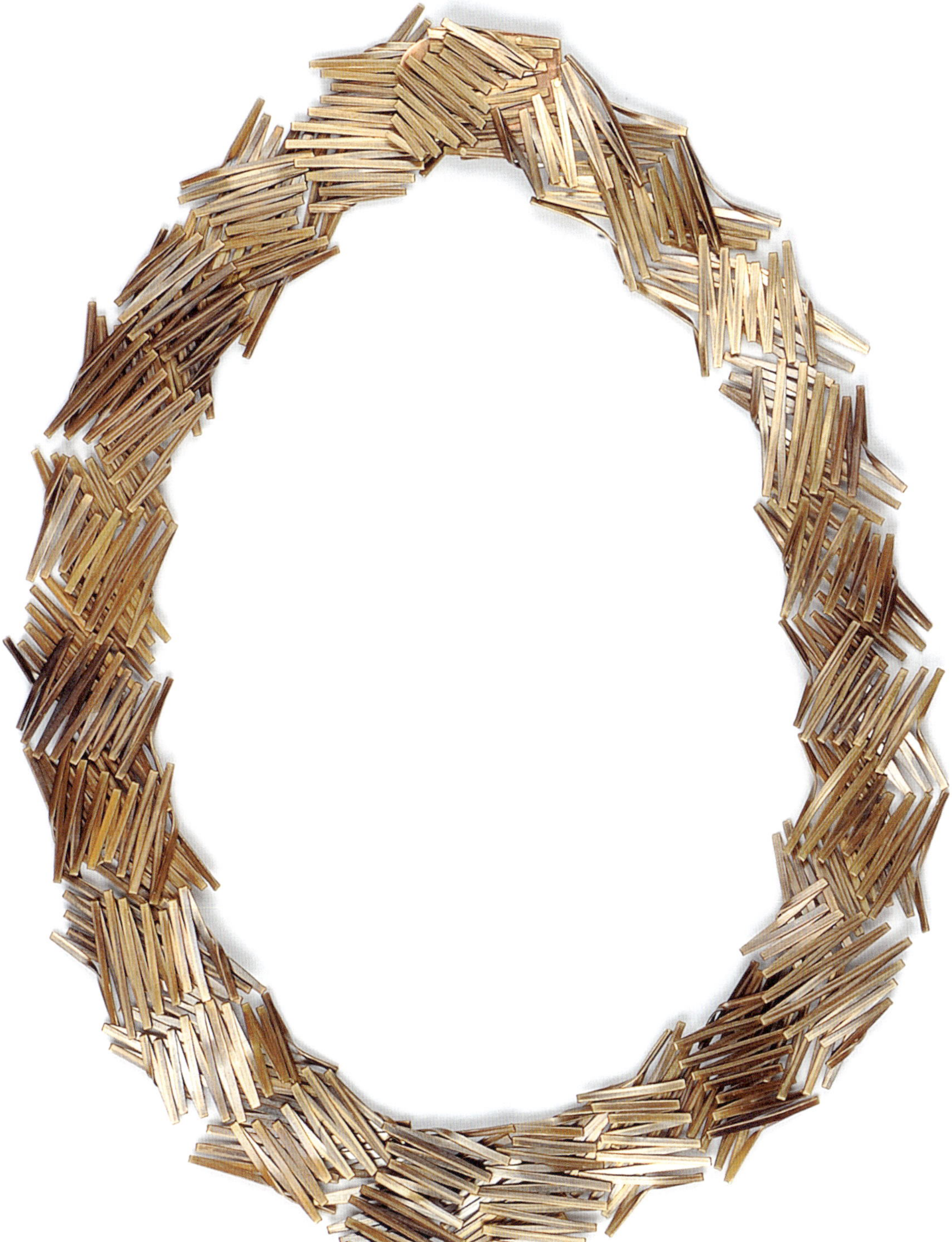

 FOXTALE Kette | *necklace* 2016

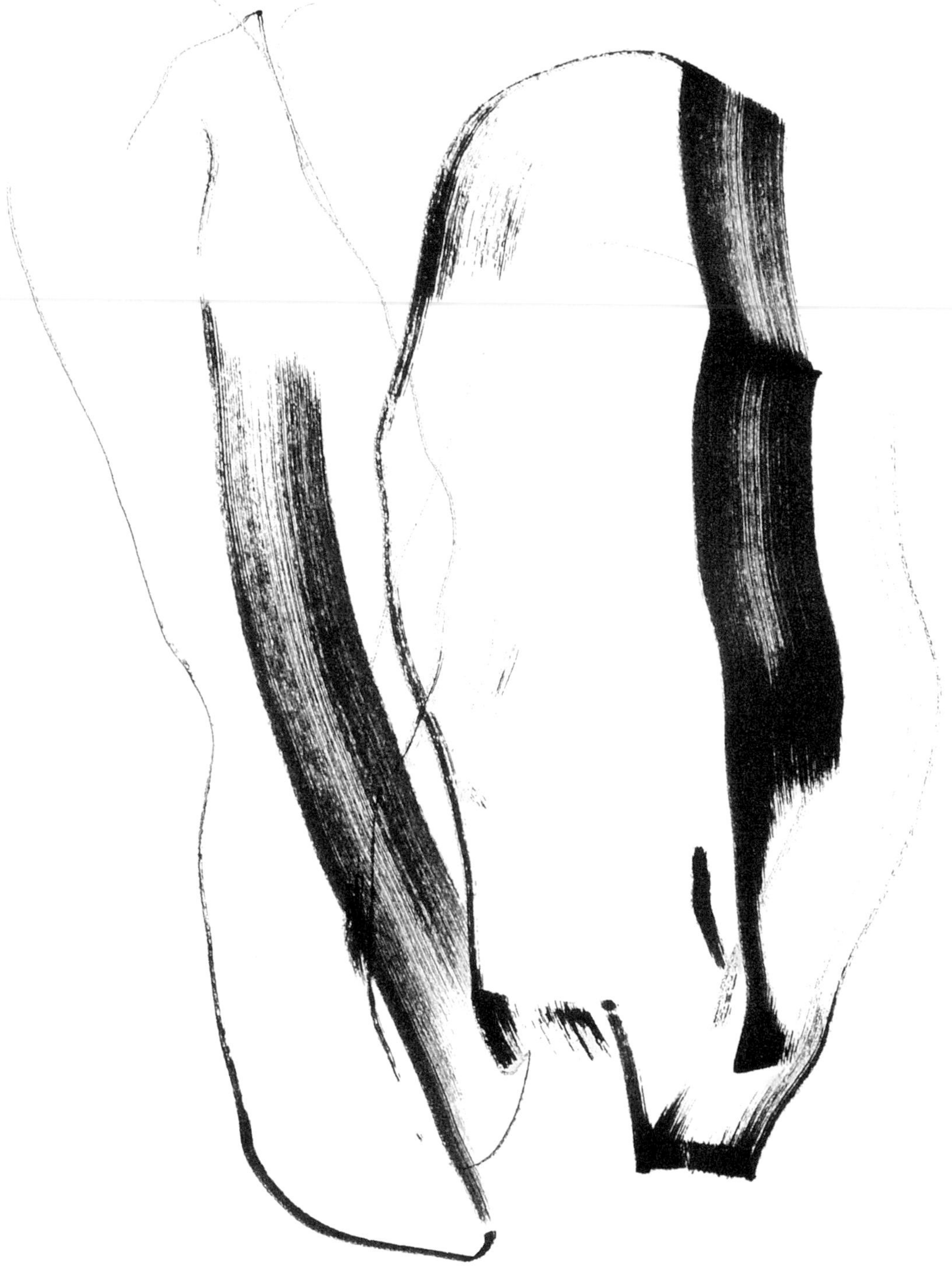

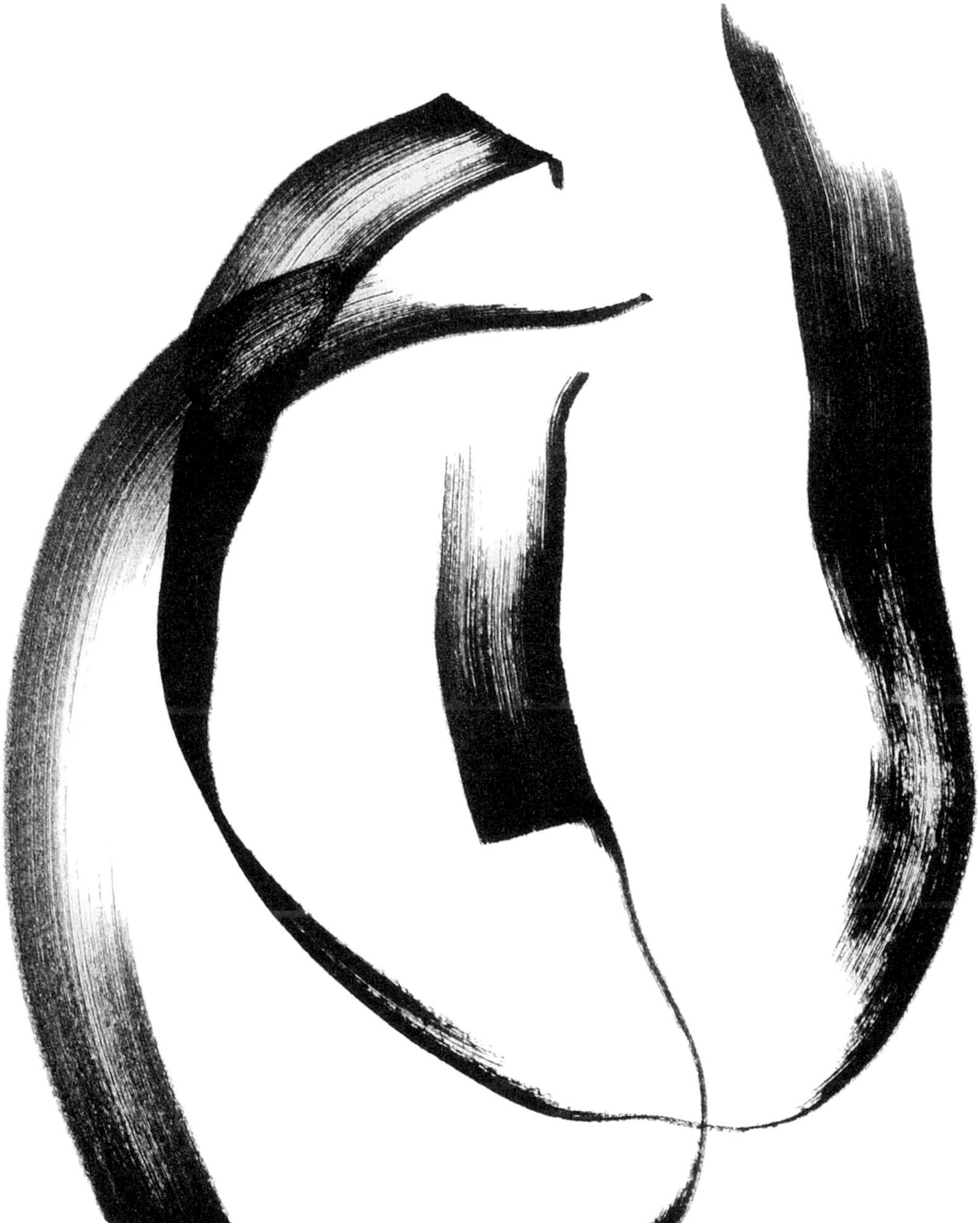

Olga Zobel

Chapeau! Ein Dank an Doris Betz

Liebe Doris,

hiermit danke ich Dir sehr für die Möglichkeit, über unser Projekt zu berichten, welches nicht mehr in den Zeitrahmen Deiner Publikation gehört, jedoch für die Entstehung ungewöhnlich schöner Schmuckstücke eine wichtige Rolle gespielt hat.

Zurück in das Jahr 1997. Gern möchte ich die Geschichte erzählen, die Du bedeutend mitgeprägt hast.

Der Auslöser meiner Passion für die zeitgenössische Schmuckkunst, insbesondere den Kunststoffschmuck, war der Wettbewerb „Objekte und Schmuck aus Kunststoff", veranstaltet von der Gesellschaft für Goldschmiedekunst in Hanau und dem Verband der Kunststofferzeugenden Industrie. 1992 gründete ich die Galerie Biró und schuf so ein Forum für diese Kunst. Ich war überzeugt, dass Kunststoffschmuck Kommunikation ist, hier fanden wir die Provokation, die im konventionellen Schmuck verloren gegangen war.

Wir leben im Kunststoffzeitalter, darauf müssen die KünstlerInnen reagieren. Gute Schmuckkunst spiegelt immer das Weltbild einer bestimmten Epoche wider. In Amsterdam entdeckte ich wunderschöne Stücke vom Gijs Bakker, Emmy van Leersum, Paul Derrez, und in Glasgow von Peter Chang. 1993 fand in der Galerie die erste große internationale Gruppenausstellung mit namhaften KünstlerInnen statt: „Kunststoff Schmuck Kunst 1923–1993" (Katalog).[1]

1996 begegnete ich bei der Eröffnung meiner Ausstellung „Kunststoffe in der Schmuckkunst" in der Galerie der Hoechst AG in Frankfurt zwei Herren, die sich über das neu entwickelte Material „Hostaglas" unterhielten. Ich erfuhr, dass Hostaglas ein farbloses, recyclebares Ersatzprodukt für Plexiglas ist. Von Frankfurt nach München zurückfahrend traf ich im Zug Professor Krätz[2]. Welch ein Glück. Ich erzählte ihm von dem neuen, umweltfreundlichen Kunststoff, der gerade in der Produktion sei, und von meiner Idee, diesen künstlerisch gestalten zu lassen. Natürlich fielen mir die Zeiten ein, in denen Künstler und Erfinder Kontakte zueinander suchten. Zum Beispiel Dr. Otto Röhm, der 1927 das Acrylharz (Plexiglas) entdeckte. Er erkannte den ästhetischen Aspekt des neuen Materials und gliederte ein Atelier an seine Fabrik an, welches ab 1937 unter dem Namen „Neue Darmstädter Glaskunst" geführt wurde. Acrylglas war ein wichtiger Werkstoff für Künstler geworden.

Mit Kunststoff zu arbeiten, erfordert von KünstlerInnen vertiefte Materialkenntnisse und technisches Wissen. Nicht wertvolle, triviale Materialien bereiten den KennerInnen besonderes Vergnügen. Die transformierende Fähigkeit der KünstlerInnen kommt umso deutlicher zur Geltung, je gewöhnlicher die Quelle ist, aus der der Werkstoff stammt, welchen sie/er in Kunst verwandelt.

Meine Idee stieß auf vielfältige Begeisterung und wurde zu einem kleinen Forschungsprojekt ausgearbeitet. Das Deutsche Museum vergab an drei Münchner KünstlerInnen, Doris Betz, Karl Fritsch und Bettina Speckner, Träger herausragender Kunstpreise, einen Forschungsauftrag, mit dem Material Hostaglas zu experimentieren und es in die Schmuckkunst einzuführen. Sie erhielten ein dreimonatiges Arbeitsstipendium, um das Material kennenzulernen. Das Museum stellte den KünstlerInnen die hauseigenen Werstätten zur Verfügung. So entstanden unverwechselbare, überraschende Schmuckstücke aus einem Kunststoff, der künstlerisch noch nie zuvor gestaltet worden war. Die daran anschließende Ausstellung hat eine Brücke geschlagen zwischen zwei Ausdrucksformen menschlichen Erfindergeistes, der Kunst und der Wissenschaft.

Für Doris Betz wurden, auf ihren Wunsch, hauchdünne Streifen von den riesigen Platten gesägt. Sie waren leicht, elastisch, transparent mit einer glänzenden, reflektierenden Oberfläche. Das Material konnte sie sägen, wickeln, quetschen, verbiegen und heiß verformen. Die Schnittkanten sind rau und fähig, Farben anzunehmen. Unter ihren Händen entstanden wunderschöne, geheimnisvolle Ketten, Broschen und Armreife, die viele Sammler beglückten. Heute befinden sich Stücke aus dieser Werkphase im Schmuckmuseum Pforzheim und im Cooper Hewitt Smithsonian Design Museum in New York.

Die Schmuckstücke entstanden in vielfältigen, aufwendigen Arbeitsgängen: Die transparenten Streifen wurden mit Zangen gequetscht, verdreht, Linien in die Hostaglasflächen geritzt und mit Farbe gefüllt, oder die Flächen eingefärbt. Anschließend wurden die Elemente mit dünnem Silber- oder Eisendraht vernäht. Diese Fixierung ist zugleich Ornament und Muster. Abstrakte zarte Formen, meist in Pastellfarben mit geheimnisvollem Glanz prägen diese Werkgruppe.

Das Deutsche Museum ist eines der meistbesuchten Museen Deutschlands. Und so erfreute mich der Brief einer Lehrerin besonders, die sich für unsere Ausstellung dort bedankte und schrieb, dass ihre Schüler dadurch unerwartet die Chance hatten, mit Schmuckkunst in Berührung zu kommen.

Von den drei KünstlerInnen hat Doris Betz am intensivsten mit dem Material experimentiert und damit dem Kunststoffschmuck einen wichtigen Baustein hinzugefügt.

1 Wichtige Hinweise erhalten wir in folgenden Publikationen:
„Schmuck. Die internationalen Avantgarde. Ideen, Stile, Tendenzen", Peter Dormer und Ralph Turner, Köln 1986
„Plastic for Jewellery", Harry B. Hollander, Truro, Mass., USA 1974
„Kunststoff Schmuck Kunst 1923-1993", Christianne Weber-Stöber, München 1993

2 Prof. Dr. Otto Krätz (*1937) war Leiter der Bildungsabteilung des Forschungsinstitutes für Geschichte der Naturwissenschaften und Technik des Deutschen Museum in München.

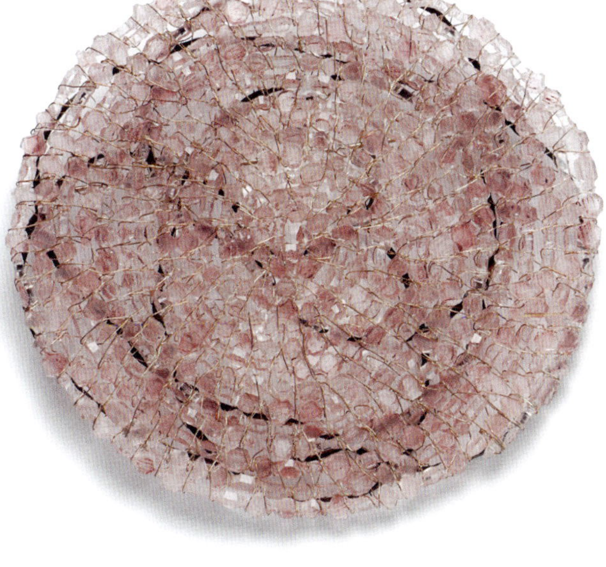

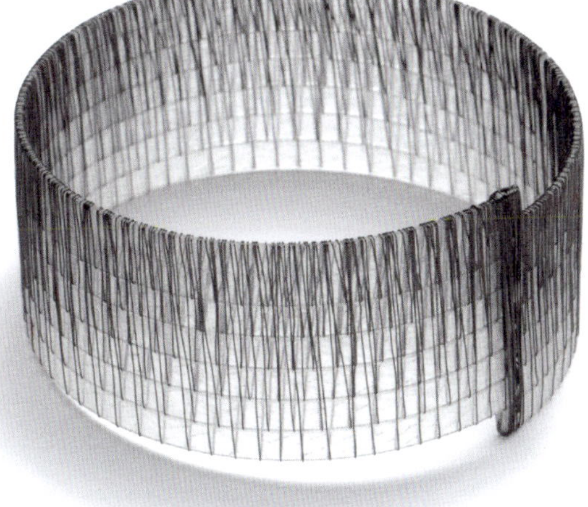

 Brosche | *brooch* 1999 Armreif | *bracelet* 1998

Olga Zobel

Hats Off and a Thank You to Doris Betz

Dear Doris,

A big thank you for the chance to report on our project, which exceeds the time frame for your publication but, all the same, played an inordinately important role in the creation of unusual and beautiful pieces of jewellery.

Back to the year 1997. I would like to tell the story which you helped shape so significantly.

The spark that set off my passion for contemporary art jewellery, especially those made of plastics, was the competition Objekte und Schmuck aus Kunststoff (Objects and Jewellery Fashioned with Synthetics), organised by the Gesellschaft für Goldschmiedekunst (Society for Artist Goldsmiths) in Hanau and the Plastics Industry Association. In 1992 I started the gallery Biró and in so doing created a forum for this art form. I was convinced that this type of jewellery was a form of communication. It provided the provocation missing in conventional designs.

We live in a plastic age, and artists ought to reflect this in their work. Good art jewellery always reflects the world view of its epoch.

In Amsterdam I discovered the wonderful work of Gijs Bakker, Emmy van Leersum and Paul Derrez, and in Glasgow Peter Chang. In 1993 the first big international group show with renowned artists took place in the gallery, titled Kunststoff Schmuck Kunst 1923–1993 (Plastics, Art, Jewellery 1923–1993) (catalogue).[1]

In 1996 during the opening of my exhibition Kunststoffe in der Schmuckkunst (Plastics in Art Jewellery) in the Hoechst AG Gallery in Frankfurt, I met two gentlemen who were in the process of discussing the newly developed material Hostaglas. I learnt that Hostaglas is a colourless, recyclable substitute for Plexiglas. Returning from Frankfurt to Munich I met Professor Krätz[2] on the train. What a stroke of luck. I told him about this new, sustainable product which was just in the course of being developed and my idea for artists to use it in their work. Of course I was remembering the times when artists and inventors worked together in close collaboration. For example, Dr Otto Röhm who created acrylic resin (aka Plexiglas) in 1927. He recognised the aesthetic possibilities of the new material and attached to his factory an atelier, which was known from 1937 onwards as Neue Darmstädter Glaskunst (New Darmstadt Glass Art). Acrylic glass became an important raw material for artists from then on.

Working with plastics demands technical know-how and an in-depth knowledge of the material's properties. Mundane, worthless materials can be especially satisfactory to the knowledgeable. The more pedestrian the source, the more the artist's ability to transform comes to the fore.

My idea met with great enthusiasm and developed into a small research project. The Deutsche Museum awarded a research grant to the three Munich artists Doris Betz, Karl Fritsch and Bettina Speckner – all recipients of prestigious art prizes – to experiment with Hostaglas and introduce it into the world of art jewellery. They received a three-month working grant in order to get to know the material. The museum placed its own workshops at their disposal. Unusual and surprising pieces of jewellery emerged, fashioned from a synthetic material that had never before been used for artistic purposes. The exhibition that ensued bridged two expressions of human ingenuity: art and science.

For Doris Betz, as requested, wafer-thin strips were sawn off huge plastic sheets. They were light, elastic, transparent, with a radiantly reflective surface. She could saw, wrap, squash, bend them and create any shape she wanted when they were heated. The cut-off edges were rough and colour-absorbent. In Doris's hands wonderful luminous visions of necklaces, brooches and bracelets were created, collected by many enthusiasts. Pieces of work from this phase can be found today in the Schmuckmuseum Pforzheim (Pforzheim Jewellery Museum) and in the Cooper Hewitt Smithsonian Design Museum in New York.

Each piece of jewellery took manifold, time-consuming complex steps to make: the transparent strips were squashed with pliers, were twisted, had lines scratched into their surface then were filled with paint; surfaces were dyed. The finished elements were then sewn together with thin silver or metal wire. The stitching served as both ornament and pattern. Pastel-coloured delicate abstract forms with a hint of radiance is the signature look of this body of work.

The Deutsche Museum is one of the most visited museums in Germany. And so I was especially happy to receive a letter from a teacher who thanked us for our exhibition and wrote that through it her pupils had been unexpectedly introduced to the world of art jewellery.

Of the three artists, Doris Betz experimented most extensively with the material and introduced Hostaglas lastingly into the world of art jewellery.

1 *Important information can be obtained in the following publications:*
'Schmuck. Die internationale Avantgarde. Ideen, Stile, Tendenzen', Peter Dormer and Ralph Turner, Cologne 1986
'Plastics for Jewellery', Harry B. Hollander, Truro, Mass., USA 1974
'Kunststoff Schmuck Kunst 1923-1993', Christianne Weber-Stöber, Munich 1993

2 *Prof. Dr. Otto Krätz (*1937) was the head of the Education Department of the Research Institute for the History of Science and Technology of the Deutsches Museum in Munich.*

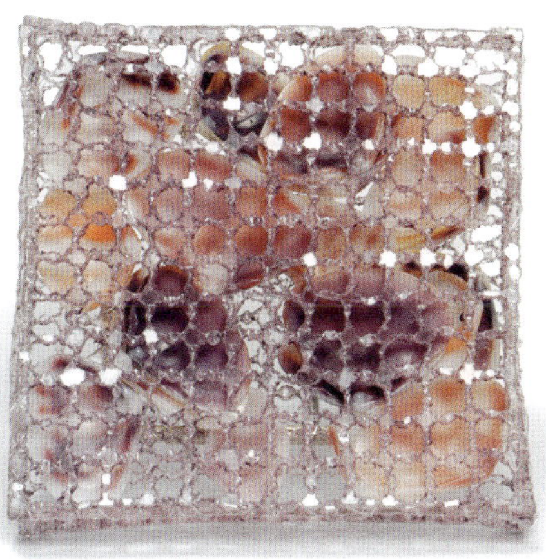

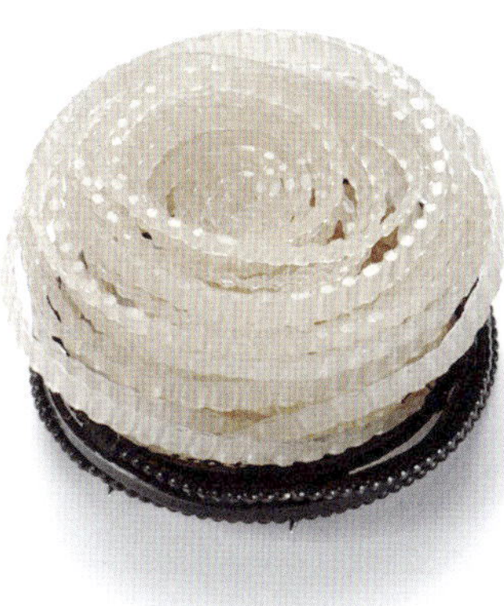

 Brosche | *brooch* 2004 Brosche | *brooch* 2003

Bildlegenden | Captions

Cover vorne | *front* Zeichnung | *drawing* 2009 Marker | *marker pen* 29,6 x 21 cm
Cover hinten und Porträtfoto | *back and portrait photo* SINGLE LOOP Kette | *necklace* 2016 Silber | *silver* 70 cm
S. | *pp.* 2, 3, 4 BLACK BEAUTY Kette | *necklace* 2010 Silber geschwärzt | *blackened silver* 60 cm
S. | *pp.* 7, 8 TOKIO Brosche | *brooch* 2010 Silber, Lack | *silver, lacquer* 6 x 7 x 2 cm
S. | *p.* 10 Ring | *ring* 2013 Silber geschwärzt | *blackened silver* 5 x 4 x 3 cm
S. | *p.* 11 GREY STAR Kette | *necklace* 2010 Silber Patina | *silver patina* 70 cm
S. | *pp.* 12, 13 HERBSTZEITLOSE Kette | *necklace* 2010 Silber Patina | *silver patina* 70 cm
S. | *p.* 14 Zeichnung | *drawing* 2010 Marker | *marker pen* 29,6 x 21 cm
S. | *p.* 15 oben | *top* Ohrschmuck | *earrings* 2011 Silber, Lack | *silver, lacquer* Ø 4 cm
S. | *p.* 15 unten | *bottom* Ohrschmuck | *earrings* 2011 Silber, Lack | *silver, lacquer* 4 x 2 x 0,5 cm
S. | *p.* 16 FLOWERS Kette | *necklace* 2009 Silber Patina | *silver patina* 60 cm
S. | *p.* 17 WE Kette | *necklace* 2009 Silber Patina | *silver patina* 62 cm
S. | *p.* 18 SUMMER Kette | *necklace* 2011 Tombak, Silber, Gold | *tombac, silver, gold* 60 cm
S. | *p.* 19 CITY Kette | *necklace* 2010 Silber geschwärzt | *blackened silver* 70 cm
S. | *p.* 20 Zeichnung | *drawing* 2016 Tusche | *ink* 29,7 x 21 cm
S. | *p.* 21 SWINGING SILVER Kette | *necklace* 2011 Silber, Gold | *silver, gold* 80 cm
S. | *p.* 22 Ohrschmuck | *earrings* 2011 Silber, Lack | *silver, lacquer* 7 x 5 cm
S. | *p.* 23 Zeichnung | *drawing* 2016 Marker | *marker pen* 29,7 x 21 cm
S. | *p.* 24 Ohrschmuck | *earrings* 2011 Silber, Lack | *silver, lacquer* 7 x 5 cm
S. | *p.* 25 Zeichnung | *drawing* 2009 Marker | *marker pen* 29,6 x 21 cm
S. | *p.* 26 BANANABOAT Brosche | *brooch* 2011 Silber, Lack | *silver, lacquer* 4 x 9 x 5 cm
S. | *p.* 27 OUT OF THE BLUE Brosche | *brooch* 2011 Silber, Lack | *silver, lacquer* 5 x 8 x 3,5 cm
S. | *p.* 28 WINDJAMMER Brosche | *brooch* 2011 Silber, Lack | *silver, lacquer* 13 x 10,3 x 1,5 cm
S. | *p.* 29 HOMES Kette | *necklace* 2010 Silber geschwärzt | *blackened silver* 75 cm
S. | *p.* 30 Zeichnung | *drawing* 2016 Tusche | *ink* 42 x 29,7 cm
S. | *p.* 31 oben | *top* Ring | *ring* 2011 Silber geschwärzt, Silber | *blackened silver, silver* 3,5 x 3,5 x 1,5 cm
S. | *p.* 31 mitte | *centre* Ring | *ring* 2011 Silber geschwärzt, Silber | *blackened silver, silver* 3,8 x 3 x 1,5 cm
S. | *p.* 31 unten | *bottom* Ring | *ring* 2011 Silber | *silver* 5 x 2 x 2 cm
S. | *p.* 32 TRIO Brosche | *brooch* 2011 Silber, Lack | *silver, lacquer* 9 x 10 cm
S. | *p.* 33 WIDEWIDEOPEN Brosche | *brooch* 2011 Silber, Lack | *silver, lacquer* 8,5 x 12 x 3 cm
S. | *p.* 34 Zeichnung | *drawing* 2016 Tusche | *ink* 29,7 x 21 cm
S. | *p.* 35 Ohrschmuck | *earrings* 2011 Silber, Lack | *silver, lacquer* 6 x 3,5 cm
S. | *p.* 36 LET-IT-BE Kette | *necklace* 2014 Silber geschwärzt | *blackened silver* 60 cm
S. | *p.* 37 TAKEOVER Brosche | *brooch* 2011 Silber, Lack | *silver, lacquer* 6,5 x 8 x 3 cm
S. | *p.* 38 CAVIAR Kette | *necklace* 2012 Silberkügelchen geschwärzt | *blackened silver-beads* 60 cm
S. | *p.* 39 BRAIN-BRUSH Kette | *necklace* 2012 Plastikbürstchen, Silberkügelchen geschwärzt | *plastic-brushes, blackened silver-beads* 60 cm
S. | *p.* 40 BLACK CORAL Anhänger | *pendant* 2012 Keramikperlen, Silberkügelchen geschwärzt | *ceramic beads, blackened silver-beads* 11,5 x 8 x 2 cm
S. | *p.* 41 BLACK WIDOW Anhänger | *pendant* 2012 Silberkügelchen geschwärzt, Nylon, Goldkügelchen | *blackened silver-beads, nylon, gold beads* 20 x 5 x 4 cm
S. | *pp.* 42, 47 LOOONGING Kette | *necklace* 2013 Silberkügelchen geschwärzt, Goldrohr | *blackened silver-beads, gold tubing* 140 cm

S. | *pp.* 43, 44, 45, 46 Zeichnung | *drawing* 2012 Bleistift | *pencil* 29,5 x 26,5 cm
S. | *p.* 52 ALLIANCE Kette | *necklace* 2012 Keramikperlen, Silberkügelchen geschwärzt | *ceramic beads, blackened silver-beads* 70 cm
S. | *p.* 53 YELLOW CREATURE Anhänger | *pendant* 2012 Tombak, Gold, Keramikperlen | *tombac, gold, ceramic beads* 23 x 6 x 4 cm
S. | *p.* 54 ICETRACES Anhänger | *pendant* 2013 Keramikperlen, Silber | *ceramic beads, silver* 11,5 x 4 x 4cm
S. | *p.* 54 ROUNDABOUT Anhänger | *pendant* 2013 Quarzperlen | *quartz beads* 24 cm
S. | *p.* 55 FRED Anhänger | *pendant* 2013 Silberkügelchen | *silver beads* 23 x 20 x 4,5cm
S. | *pp.* 56, 57, 58, 59 Zeichnung | *drawing* 2012 Tinte | *ink* 29,5 x 26,5 cm
S. | *p.* 64 FRIENDS Kette | *necklace* 2015 Silber | *silver* 60 cm
S. | *p.* 65 ONELINE-LEAVES Kette | *necklace* 2015 Silber geschwärzt | *blackened silver* 70 cm
S. | *p.* 66 ONELINE-SNAKE-CIRCLE Kette | *necklace* 2015 Silber Patina | *silver patina* 70 cm
S. | *p.* 67 FLOWER-FIELD Kette | *necklace* 2016 Silber Patina | *silver patina* 70 cm
S. | *pp.* 68, 69 Armreifen | *bracelets* 2015 Silber Patina | *silver patina*
S. | *p.* 70 ONELINE-GENEROUS Kette | *necklace* 2015 Silber Patina | *silver patina* 65 cm
S. | *p.* 71 ONELINE-LOOPS Kette | *necklace* 2015 Silber Patina | *silver patina* 60 cm
S. | *p.* 72 ONELINE-QUEEN Kette | *necklace* 2015 Silber Patina | *silver patina* 70 cm
S. | *p.* 73 ONELINE-PRINCE Kette | *necklace* 2015 Silber Patina | *silver patina* 65 cm
S. | *p.* 74 links | *left* FLYING SOMETHING Nadel | *needle* 2015 Silber | *silver* 7,5 x 6 cm
S. | *p.* 74 rechts | *right* FLYING SOMETHING Nadel | *needle* 2015 Silber | *silver* 5 x 7,5 cm
S. | *p.* 75 links | *left* FLYING SOMETHING Nadel | *needle* 2015 Silber | *silver* 7,5 x 5,5 cm
S. | *p.* 75 rechts | *right* FLYING SOMETHING Nadel | *needle* 2015 Silber | *silver* 5 x 6 cm
S. | *p.* 76 CIRCLES Brosche | *brooch* 2015 Silber, Pyrit | *silver, pyrite* Ø 12 cm
S. | *p.* 77 FOXTALE Kette | *necklace* 2016 Tombak | *tombac* 60 cm
S. | *pp.* 78, 79 Zeichnung | *drawing* 2015 Tusche | *ink* 29,5 x 23,8 cm
S. | *p.* 81 links | *left* Brosche | *brooch* 1999 Hostaglas, Silber geschwärzt | *plastic, blackened silver* Ø 10 cm
S. | *p.* 81 rechts | *right* Armreif | *bracelet* 1998 Hostaglas, Eisendraht | *plastic, iron wire* 3,5 cm
S. | *p.* 83 links | *left* Brosche | *brooch* 2004 Hostaglas, Silber, Muscheln | *plastic, silver, shells* 5,5 x 5,5 x 1,5 cm
S. | *p.* 83 rechts | *right* Brosche | *brooch* 2003 Hostaglas, Silber geschwärzt | *plastic, blackened silver* 4 x 4 x 4 cm

(GRÖSSENANGABEN Höhe x Breite x Tiefe oder Länge oder Durchmesser | *SIZES hight x width x depth or length or diameter*)

BESITZER | *OWNER*

Bollmann Collection S. | *pp.* 68, 69
Cooper Hewitt Smithsonian Design Museum S. | *p.* 81
Erika Demmelhuber Collection S. | *pp.* 21, 42, 47, 68, 69, 70, 75 links | *left*, 83 rechts | *right*
Vivienne Donati Collection S. | *p.* 27
Valérie Donnat Collection S. | *p.* 72
Pamela Emery Collection S. | *p.* 26
Marion Fulk Collection S. | *pp.* 12, 13
Gallery of Art, Legnica S. | *p.* 32
Susan Grant Lewin Collection S. | *p.* 31 unten | *bottom*
Privatbesitz | *private collections*
S. | *pp.* 2, 3, 4, 7, 8, 11, 15, 16, 17, 18, 19, 22, 29, 30, 35, 52, 54, 65, 68, 69, 71, 76, 77, 81 links | *left*, 83 links | *left*

Doris Betz – Künstlerbiographie | Artist Biography

*1960 München | *Munich* (DE)

AUSBILDUNG | *EDUCATION*

2006 – 09 Akademie der Bildenden Künste München (DE),
Assistentin von | *assistant to* Otto Künzli

1996 Diplom | *Diploma*

1990 – 96 Akademie der Bildenden Künste München (DE), mit | *with* Hermann Jünger, Otto Künzli

PREISE, AUSZEICHNUNGEN, STIPENDIEN | *PRIZES, AWARDS, GRANTS*

2010 Bayerischer Staatspreis, Internationale Handwerksmesse, München | *Munich* (DE)

2006 Atelierförderung der Landeshauptstadt München | *studio grant, Munich* (DE)

2000 Artist in Residence, Wien | *Vienna* (AT)

1999 Förderpreis | *artist grant*, Förderkreis Bildende Kunst in Nürnberg (DE)

1997 Förderpreis | *artist grant*, Angewandte Kunst, Landeshauptstadt München | *city of Munich* (DE)

1996 Herbert Hofmann-Preis, Internationale Handwerksmesse, München | *Munich* (DE)

1994 Förderpreis | *artist grant*, Deutsches Elfenbeinmuseum, Erbach (DE)

ÖFFENTLICHE SAMMLUNGEN | *PUBLIC COLLECTIONS*

Die Neue Sammlung – The Design Museum, Dauerleihgabe der | *on permanent loan of the Danner-Stiftung*, München | *Munich* (DE)

mudac – Musée de design et d'arts appliqués contemporains, Lausanne (CH)

Schmuckmuseum Pforzheim (DE)

Stedelijk Museum Amsterdam (NL)

The Mint Museum of Art and Design, Charlotte, North Carolina (US)

Cooper Hewitt, Smithsonian Design Museum, New York (US)

AUSSTELLUNGEN (AUSWAHL) | *SELECTED EXHIBITIONS* (*= Einzelausstellung | *solo exhibition*)

2017 **Schmuck und Zeichnung***, Bayerischer Kunstgewerbeverein, München | *Munich* (DE)

Private Confessions. Drawing and Jewellery, Villa Stuck, München | *Munich* (DE)

2016 **Private Confessions.** Drawing and Jewellery, CODA Museum Apeldoorn (NL)

Mari Funaki Award exhibition, Gallery Funaki, Melbourne (AU)

2015 **Lack**, Galerie Handwerk, München | *Munich* (DE)

frei erfunden*, Galerie Biró, München | *Munich* (DE)

2012 **Moments Like This***, Gallery Funaki, Melbourne (AU)

Schmuck, Internationale Handwerksmesse, Ausstellung und Wettbewerb | *exhibition and competition*, München | *Munich* (DE)

2011 **Danner-Preis**, Ausstellung und Wettbewerb | *exhibition and competition*, Villa Stuck, München | *Munich* (DE)

Temporary Stedelijk2, Stedelijk Museum Amsterdam (NL)

2011 **Flora et Labora***, Galerie Louise Smit, Amsterdam (NL)

Jewelry Might Fly*, Jewelers'Werk Galerie, Washington, DC (US)

2010 **Momentaufnahmen***, Galerie V&V, Wien | *Vienna* (AT)

Schmuck, Internationale Handwerksmesse, Ausstellung und Wettbewerb | *exhibition and competition*, München | *Munich* (DE)

2009 **Balancing Act***, Galerie Spektrum, München | *Munich* (DE); Villa Bengel, Idar-Oberstein (DE); Villa De Bondt, Gent (BE)

2008 **Des Wahnsinns fette Beute.** Die Goldschmiedeklasse der Akademie der Bildenden Künste München, Die Neue Sammlung – Staatliches Museum für angewandte Kunst / Design in der Pinakothek der Moderne, München | *Munich* (DE)

De main à main, mudac, Lausanne (CH)

Salon International, Monash University Gallery, Melbourne (AU)

2007 Galerie Herta Zaunschirm, Zürich | *Zurich* (CH)

Collect Fair, Victoria and Albert Museum, London (UK)

2006 **Open space***, Jewelers'Werk Galerie, Washington, DC (US)

für Leib und Seele*, Galerie V&V, Wien | *Vienna* (AT)

Connect, Ausstellung und Wettbewerb | *exhibition and competition, Gallery Funaki, Melbourne* (AU)

2005 **Alternatives: Materials** / Means, Bannister Gallery, Rhode Island College, Providence, RI (US)

Schlingen, Schleifen, Schlaufen*, Galerie Louise Smit, Amsterdam (NL)

2004 **Ein langer Augenblick***, Galerie Spektrum, München | *Munich* (DE)

Salon International, Rathausgalerie München | *Munich* (DE)

Slow Sensation*, Jewelers'Werk Galerie, Washington, DC (US)

2003 **It takes two to tango**, mit | *with* Karen Pontoppidan, Galerie Louise Smit, Amsterdam (NL)

Ping Pong, mit | *with* Helen Britton, OONA Galerie Berlin (DE)

2002 **Salon des Images**, Video Portraits, Rathausgalerie München | *Munich* (DE)

Natur und Zeit, Deutsches Goldschmiedehaus Hanau (DE)

Danner-Preis, Ausstellung und Wettbewerb | *exhibition and competition*, Veste Coburg (DE)

2001 **Bijou Noir,** Galerie Hélène Porée, Paris (FR)

5g Gold +, Galerie Aurum, Frankfurt a.M. (DE)

Mikromegas, Wanderausstellung | *travelling exhibition*, 2001–2004, Bayerischer Kunstgewerbeverein München | *Munich* (DE)

von Wegen. Schmuck aus München, Deutsches Goldschmiedehaus Hanau (DE)

2000 **Schön machen**, Kunsthaus Kaufbeuren (DE)

Kunst hautnah, Künstlerhaus Wien (AT)

Craft from Scratch. 8. Triennale für Form und Inhalte – Australien und Deutschland, Frankfurt a.M. (DE)

Hin und zurück*, Galerie Spektrum, München | *Munich* (DE)

1999 **Ich trage Schmuck**, Schmuck und Photografie, Germanisches Nationalmuseum Nürnberg (DE)

Danner-Preis, Ausstellung und Wettbewerb | *exhibition and competition,* Regensburg (DE)

Scotty, Madonna und die Anderen, mit | *with* Anna Peisl, Galerie Marzée, Nijmegen (NL)

1998 **Synthetic Jewellery**, Galerie Biró, München | *Munich* (DE)

Micro-Organism. Seven German Jewelers, Wooster Gardens, New York (US)

Woanders ist es auch schön, Orangerie, München | *Munich* (DE)

1997 **Förderpreise '97**, Künstlerwerkstatt, München | *Munich* (DE)

Forschungsauftrag Schmuck, Deutsches Museum, München | *Munich* (DE)

1996 **Danner '96**. Das Schöne, das Nützliche und die Kunst, Die Neue Sammlung – Staatliches Museum für angewandte Kunst / Design in der Pinakothek der Moderne, München | *Munich* (DE)

Schmuck, Internationale Handwerksmesse, Ausstellung und Wettbewerb | *exhibition and competition*, München | *Munich* (DE)

Impressum | Imprint

© 2017 Doris Betz, München, Arnoldsche Art Publishers, Stuttgart, die Herausgeberin und die Autor*innen | *the editor and the authors*

Alle Rechte vorbehalten. Vervielfältigung und Wiedergabe auf jegliche Weise (grafisch, elektronisch und fotomechanisch sowie der Gebrauch von Systemen zur Datenrückgewinnung) – auch in Auszügen – nur mit schriftlicher Genehmigung der Arnoldsche Art Publishers, Olgastraße 137, D–70180 Stuttgart.
www.arnoldsche.com

All rights reserved. No part of this work may be reproduced or used in any form or by any means (graphic, electronic or mechanical, including photocopying or information storage and retrieval systems) without written permission from the copyright holder Arnoldsche Art Publishers, Olgastraße 137, D–70180 Stuttgart.
www.arnoldsche.com

HERAUSGEBERIN | *EDITOR*
Iris von der Tann, Berlin

AUTOR*INNEN | *AUTHORS*
Dr. Monika Fahn, München
Dr. Pravu Mazumdar, München
Ira Mazzoni M.A., München
Olga Zobel M.A., München

KONZEPTION | *CONCEPT*
Iris von der Tann, Berlin, und Doris Betz, München

GESTALTUNG | *DESIGN*
hidden friends, München

Umschlag vorne unter Verwendung von | *cover front using*
Doris Betz, Zeichnung | *drawing* 2009
Umschlag hinten unter Verwendung | *cover back using*
SINGLE LOOP, Kette | *necklace* 2016
siehe Bildlegenden S. 84 | *see Captions p. 84*

ÜBERSETZUNG | *TRANSLATION*
Paula Domzalski, Istanbul/London:
Monika Fahn, Ira Mazzoni, Olga Zobel
Pravu Mazumdar: Pravu Mazumdar

KORREKTORAT | *TEXT EDITOR*
Barbara Lehnerer, München

FOTOGRAF | *PHOTOGRAPHER*
Bernhard Roth, München

OFFSET REPRODUKTION | *OFFSET REPRODUCTIONS*
Repromayer, Reutlingen

DRUCK | *PRINTED BY*
GTS, Kranj

PAPIER | *PAPER*
Inhalt | *Content*: Tauro Natur matt holzfrei weiß 1.2 Vol., 150 g/qm
Cover: Munken Lynx Rough zartweiß, 300 g/qm

BIBLIOGRAFISCHE INFORMATION DER DEUTSCHEN NATIONALBIBLIOTHEK | *BIBLIOGRAPHIC INFORMATION PUBLISHED BY THE DEUTSCHE NATIONALBIBLIOTHEK*
Die Deutsche Nationalbibliothek verzeichnet diese Publikation in der Deutschen Nationalbibliografie; detaillierte bibliografische Daten sind im Internet über www.dnb.de abrufbar. |
The Deutsche Nationalbibliothek lists this publication in the Deutsche Nationalbibliografie; detailed bibliographic data are available on the Internet at www.dnb.de.

ISBN 978-3-89790-495-8, Made in Europe, 2017

Dieses Buch entstand mit großzügiger Unterstützung von |
This book has been produced with the generous support of

BAYERISCHER KUNSTGEWERBEVEREIN SEIT 1851

Danner Stiftung

STEINER-STIFTUNG MÜNCHEN

Förderkreis Neuer Schmuck
Paul und Katrin Basiner-Stiftung

Die vorliegende Publikation erscheint anlässlich der Ausstellung Doris Betz im Bayerischen Kunstgewerbeverein München vom 24. Februar bis 06. April 2017. | *The present publication is published on the occasion of the exhibition Doris Betz at the Bayerischer Kunstgewerbeverein Munich from Februray 24th to April 06th 2017.*